Michael Prinz von Preußen (Hrsg.)

Die Preußen am Rhein

Burgen, Schlösser, Rheinromantik

Michael Prinz von Preußen (Hrsg.)

Die Preußen am Rhein

Burgen, Schlösser, Rheinromantik

Signé
LINGEN

Inhalt

Zum Geleit

Auch die Fertigstellung des Kölner Doms diente der Herstellung einer nationalen Einheit unter preußischer Herrschaft. König Friedrich Wilhelm IV. auf dem Dombaufest in Köln im Sommer 1848 auf einem zeitgenössischen Holzstich.

Es war Dezember 1813, als der preußische Kronprinz Friedrich Wilhelm IV. zum ersten Mal das Rheintal kennenlernte. Begeistert schrieb der damals 18-Jährige an seine Schwester Charlotte: „Ich tauchte meine Rechte in den Rhein und bekreuzigte mich. Welch ein göttlicher Strom." Friedrich Wilhelm befand sich zur Jahreswende 1813/14 auf dem Feldzug gegen Napoleon, zugleich hatte er Augen für die Schönheit der wundervollen Landschaft. Besonders die Burgen und historischen Bauwerke hatten es ihm angetan. Der Kronprinz – aufgrund seiner Begabung hätte er am liebsten Künstler und Architekt sein wollen – ging gleichsam in der zeitgenössischen Rheinromantik auf.

Friedrich Wilhelms Begeisterung für die Bauwerke des Mittelalters war jedoch weit mehr als romantische Schwärmerei. In seinem Interesse an der mittelalterlichen Architektur spiegelte sich auch sein politisches Selbstverständnis wider: Das Mittelalter war nach seiner Vorstellung eine „heile Welt", und er sehnte sich nach einem harmonischen Zusammensein von Volk und Herrscher. Und er suchte in dem Rückgriff auf das Mittelalter zugleich auch nach einer Legitimation seiner eigenen Herrschaft: Die mittelalterlichen Burgen sollten als Hinweis auf die über viele Generationen zurückreichende Adelsherrschaft dienen.

Die politischen Vorstellungen, die persönliche Begabung des späteren Königs und schließlich auch die Begeisterung für die Romantik gaben den Impuls zu einem beispiellosen Wiederaufbau von Burgen und antiken Bauwerken. Dieser begann wenige Jahre nach Friedrich Wilhelms erster Rheinreise, als sein Vetter, der Hohenzollernprinz Friedrich Ludwig von Preußen, die Burgruine Vautsberg bei Trechtingshausen erwarb und sie nach Plänen des Architekten Karl Friedrich Schinkel durch die Koblenzer Baumeister Johann Claudius von Lassaulx und Wilhelm Kuhn aus- und umbauen ließ: „Burg Rheinstein" erstand und wurde Kulisse einer imaginierten ritterlichen Welt.

Kulisse einer ritterlichen Welt, wie sie das 19. Jahrhundert ersehnte: Blick auf Burg Rheinstein bei Trechtingshausen.

Schloss Stolzenfels, das die Stadt Koblenz dem Kronprinzen 1823 geschenkt hatte, und Burg Sooneck, das Friedrich Wilhelm gemeinsam mit seinen Brüdern als Jagdschlösschen ausbauen ließ, folgten schon kurze Zeit später. Die Architektur der Romantik hatte den Rhein entdeckt.

Die zahllosen weiteren Rekonstruktionen historischer Bauwerke am Rhein führten dazu, dass das heutige Erscheinungsbild der Bauwerke in der „preußischen Rheinprovinz" vielfach dem 19. Jahrhundert zu verdanken ist. Sie sind zugleich Ausdruck früher denkmalpflegerischer Ansätze und herrschaftlicher Repräsentationsbestrebungen.

Über 40 Burgen säumen die Ufer des Mittelrheintals, viele zu Ruinen verfallen, andere durch die preußischen Herrscher wieder aufgebaut und vielfach durch die romantischen Ideen der Bauherren uminterpretiert. Die Vielzahl und Vielfalt der Burgen und Schlösser an dem 60 Kilometer langen Flussabschnitt ist weltweit einzigartig. Im Juni 2002 fand das Obere Mittelrheintal zwischen Rüdesheim und Koblenz Anerkennung als UNESCO-Welterbe.

Das Rheintal zwischen Rüdesheim und Koblenz ist eine einzigartige Kulturlandschaft, die seit 2002 als „Oberes Mittelrheintal" Teil des UNESCO-Welterbes ist.

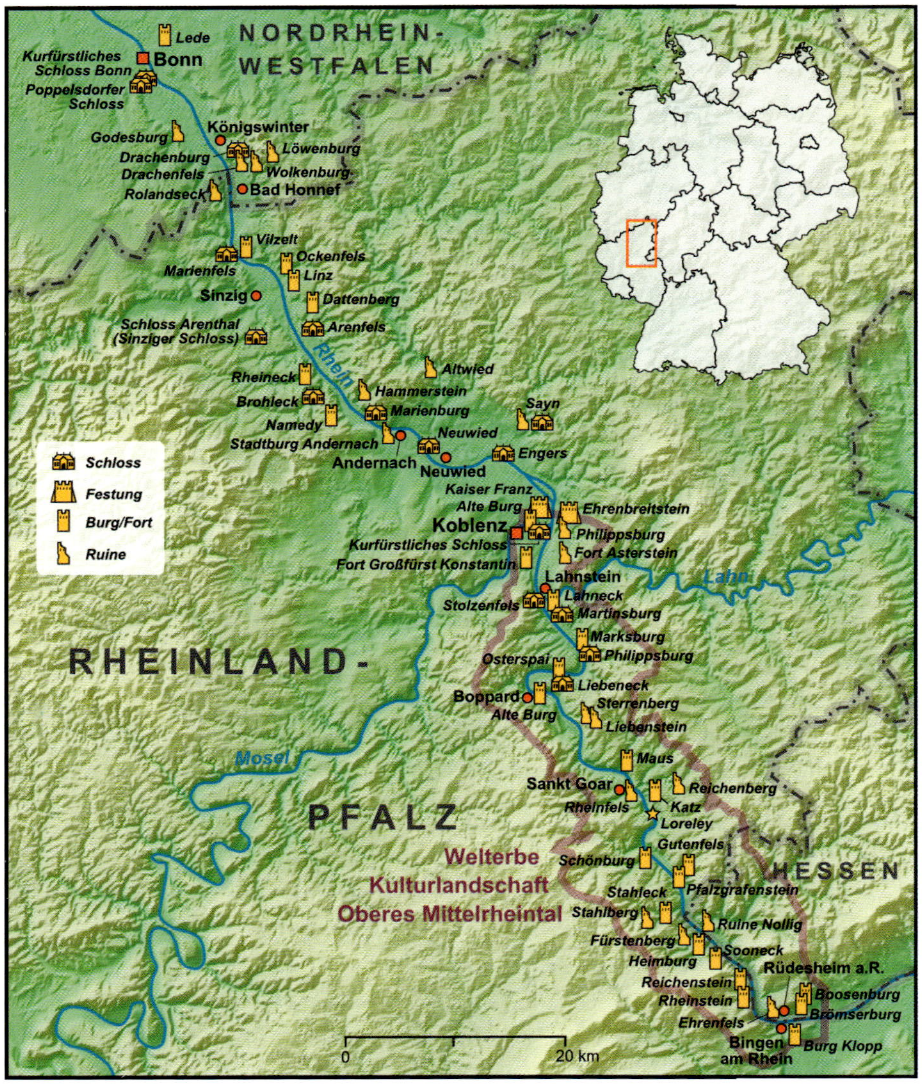

Heute ist das Land mit der Generaldirektion Kulturelles Erbe Rheinland-Pfalz Eigentümer etlicher jener Burgen und Schlösser am Rhein. Die Generaldirektion ist zugleich „Sachwalterin" des kulturellen Erbes, welches Preußen und Hohenzollern in der „Rheinprovinz" hinterlassen haben. Zwei Bauwerke, die von der GDKE Rheinland-Pfalz betreut werden, spiegeln dabei die Spannbreite des preußischen Erbes wider: Schloss Stolzenfels auf der einen Seite des Rheins als Urbild und Wunschbild von Wohnkultur, Intimität und Kunstsinn und gleich gegenüber die Festung Ehrenbreitstein mit ihrem martialischen Ausdruck, ihrer militärischen Strenge und ihrer bewaffneten Logik.

Von Waffentechnik und Politik überholt, ist die 1828 fertiggestellte Preußenfestung militärisch jedoch nie wirklich bedeutsam gewesen. Stattdessen trat die historische, künstlerische und landschaftsprägende Rolle des Ehrenbreitstein immer stärker in den Vordergrund. Nach dem Zweiten Weltkrieg begann schließlich die Verwandlung der einstigen „Kriegsmaschine" zu einem friedlichen Ort kultureller Begegnung. Landesmuseum Koblenz, Jugendherberge, archäologische Institutionen hielten Einzug; und die Festung wurde Ausflugsziel für Hunderttausende von Touristen.

Diese Verwandlung erlebt mit der Bundesgartenschau 2011 einen vorläufigen Höhepunkt. Rundum saniert und mit zeitgemäßer Infrastruktur ausgerüstet, präsentiert sich die Festung Ehrenbreitstein im Rahmen der BUGA als Erlebnisraum von hohem Lern- und Freizeitwert mit einer Vielzahl neuer Dauereinrichtungen, hochkarätiger Sonderausstellungen und interessanter Veranstal-

tungen. Die Kriegsmaschine hat ausgedient. Sie ist ein Ort der schönen Ausblicke, der erhellenden Einblicke, aber auch der mahnenden Rückblicke geworden. Und kaum etwas kann diesen Wandel besser symbolisieren als die Verbindung zwischen Festung und Gartenschau: Aus den Läufen der alten Kanonen ragen bunte Blumensträuße.

Schloss Stolzenfels hat hingegen seinen Charakter behalten. Schon unmittelbar nach seiner Fertigstellung ließ Friedrich Wilhelm IV. das Schloss öffnen, sodass bereits um 1850 die Besucher nach Tausenden zählten. Das Leben des Herrschers sollte öffentlich sein. In den vergangenen Jahren wurde auch dem Schloss eine umfangreiche Restaurierung zuteil, sodass pünktlich zur Eröffnung der Bundesgartenschau 2011 Gebäude und Gärten in neuem Glanz erstrahlen und zumindest teilweise dem Publikum wieder offen stehen. Schloss Stolzenfels, einstiger Sommersitz des preußischen Königs, wird erneut zu einem touristischen Highlight werden.

Bemerkenswert und durchaus passend zur Thematik einer Bundesgartenschau sind schließlich die Gartenanlagen rund um das Schloss: Schöpfungen des preußischen Gartenbauarchitekten Peter Joseph Lenné, dessen Wiege im Rheinland stand. Sein Name wird vor allem mit zahlreichen Projekten in Berlin, der Umgestaltung und Erweiterung des Parks von Schloss Sanssouci sowie der Einbeziehung der gesamten Umgebung Potsdams im Sinne einer großflächigen Kulturlandschaft in Verbindung gebracht. Er hat aber auch bedeutende Gärten am Rhein gestaltet, etwa die Kölner Flora oder den Koblenzer Schlossgarten. Eine Sonderausstel-

Nur einer der vielen „Höhepunkte" zur Bundesgartenschau 2011 in Koblenz: Eine Seilbahn überspannt den Rhein zwischen der Festung Ehrenbreitstein und dem Deutschen Eck und verbindet so die Ausstellungsflächen der Innenstadt mit der „Kultur-Festung" Ehrenbreitstein.

Blick von der Pfaffendorfer Brücke in Koblenz auf den Rheinhafen „Kaiser Wilhelm“ und die Festung Ehrenbreitstein.

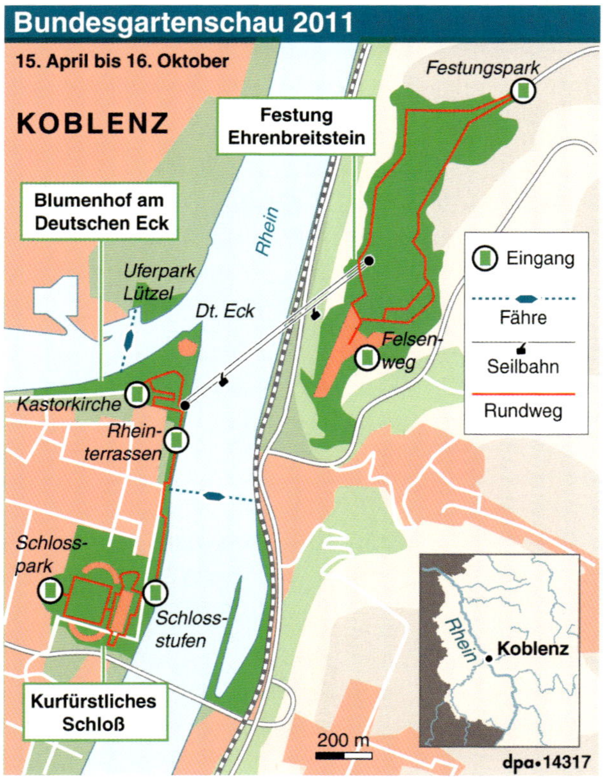

Die Bundesgartenschau 2011 findet zwischen April und Oktober an verschiedenen Orten der Stadt Koblenz statt.

lung vermittelt den Gästen der BUGA 2011 Leben und Werk dieses bedeutenden Gartenbaudirektors.

Die Bundesgartenschau 2011 hat mit dazu den Anstoß gegeben, dass Festung und Schloss Stolzenfels durch das Land Rheinland-Pfalz umfangreich restauriert worden sind. Beide Bauwerke gliedern sich ein in ein ganzes Ensemble bedeutender preußischer Kultur-, Industrie- und Sakralbauten am Rhein. Das vorliegende Buch wird mit dazu beitragen, die kunstsinnige Seite der Preußen zu entdecken und lieb zu gewinnen. Die GDKE Rheinland-Pfalz leistet gerne dazu ihren Beitrag.

Thomas Metz
Generaldirektor
Generaldirektion Kulturelles Erbe Rheinland-Pfalz
Koblenz, im April 2011

Blick in den lichtdurchfluteten Gartensaal, die sogenannte Sommerhalle, auf Schloss Stolzenfels. Hier werden heute die unterschiedlichsten Veranstaltungen abgehalten.

Schloss Stolzenfels ist das Kronjuwel der Rheinromantik. Die Gärten und Teilbereiche der historischen Räume, u. a. die Rittersäle und die Königinwohnung, sind für Besichtigungen geöffnet.

Michael Prinz von Preußen

Vorwort

Es war keine „Liebesheirat“, als die rheinischen und westfälischen Territorien 1815 durch den Wiener Kongress dem Königreich Preußen zugewiesen worden sind. Es war für die Menschen in den alten, reichsunmittelbaren Territorien und Städten alles andere als angenehm, autoritär und ohne selbst gefragt worden zu sein, anderen Staaten zugeordnet zu werden. Allerdings gehörte das seit 1801, seit dem Frieden von Lunéville zwischen Frankreich und Österreich, schon zum Alltag in Deutschland. Seitdem waren traditionsreiche Fürstentümer, Reichsherrschaften und Reichsstädte zu einer Verfügungsmasse geworden, die unter französischer Aufsicht fast beliebig neuen Herren zugeteilt werden konnte.

Besonders schwierig wurde es in den neuen Konglomeraten, wenn auch noch ein konfessioneller Gegensatz hinzukam. Im katholischen Bayern etwa, wo die reichsstädtischen, reichsritterlichen und markgräflich-brandenburgischen Territorien Frankens lutherisch geprägt waren; dort fühlten sich die Protestanten bis in die Mitte des 19. Jahrhunderts durch Prozessionszwang und Kniebeugeerlass zuneh-

Für Friedrich Wilhelm IV. war das Rheinland mehr als nur eine „romantische Landschaft“. Der König in seinem Arbeitskabinett im Obergeschoss der Erasmuskapelle, nach einem Gemälde von 1846 von Franz Krüger.

mend bedrängt. Oder eben in Preußen, wo 1837 der konfessionelle Gegensatz zwischen dem katholischen Westen (Rheinprovinz, Westfalen) und Osten (Provinz Posen) einerseits, dem protestantischen Zentrum andererseits zum bitteren Kirchenstreit eskalierte.

Die ernsthafte Suche nach einem Ausweg aus den Konflikten ist eng mit dem Kronprinzen, seit 1840 König Friedrich Wilhelm IV., verbunden. Mit ihm und seinen Brüdern beginnt auch eine bemerkenswerte Hinwendung zum Rhein. Die Begeisterung der jungen Prinzen für den Rhein spielte für die Beendigung der konfessionellen Streitereien sogar eine ganz entscheidende Rolle. 1815 schon reiste der zwanzigjährige Kronprinz Friedrich Wilhelm an den Rhein, fuhr in einem Boot auf den Fluss hinaus und geriet in „fast mystische Verzückung“ (Frank-Lothar Kroll): „Ich tauchte meine Rechte in den Rhein und bekreuzte mich. Welch ein göttlicher Strohm! Nach dem Jordan und Ganges und Nil der erste der Welt!!!“

So ähnlich erging es ihm auch, als er 1842 die nach Friedrich Schinkels Plänen neuerrichtete Burg Stolzenfels betreten durfte. Ludwig Persius schrieb in sein Tagebuch, der König sei ganz außer sich gewesen vor „gr. Entzücken“ und habe gerufen: „Ich habe mich wiederholt backpfeifen müssen, denn ich glaubte zu träumen“. Es war freilich weitaus mehr als schwärmerische Rheinromantik, der sich König Friedrich Wilhelm IV. hingab. Für ihn war der Rhein ein Symbol für einen nationalen Zusammenhalt, in dem das alte Preußen ebenso wie seine neuen Provinzen aufgehen und zu einer neuen Einheit finden sollten. „Während seines ganzen Erwachsenenlebens war Friedrich Wilhelms Patriotismus eng mit der Romantik des Rheinlands verbunden“ (David E. Barclay).

Auf der Burg Stolzenfels hat Friedrich Wilhelm IV. den österreichischen Kanzler Klemens Fürst Metternich, selbst ein Rheinländer, empfangen. Es ist nicht überraschend, dass der Monarch gerade hier die Äußerungen gemacht hat, die sein politisches Programm sehr präzise zusammenfassen. Preußen sei als politisches Gebilde kaum zu definieren, es sei ein

Ein Turm der mittelalterlichen Burg Rheinstein bei Trechtingshausen am Rhein. Prinz Friedrich von Preußen nutzte die Burg zeitweise als Sommersitz.

Agglomerat von Ländern und ohne jede einheitliche historische Grundlage. Die Einheit des Staates sei bisher nur künstlich, durch die „oligarchische Macht" einer Kaste von Beamten hergestellt worden. Seine Vorstellung war dagegen, eine monarchische Tradition zu begründen, die auf den Konsens und die Zustimmung des Volkes vertrauen konnte. Entsprechend der historisch gewachsenen Eigenart der Provinzen und der fehlenden Identität des preußischen „Agglomerates" setzte der König auf die Provinzial-Landtage als Instrument der ständischen Mitsprache. Das Ziel war die Herstellung eines Gemeinschaftsgefühls, dessen verbindendes Element sich im Königtum und im monarchischen Prinzip des „christlichen Staates" finden sollte.

Es war ein Projekt, das explizit auf historischen Traditionen aufbauen sollte. Die tiefsten historischen Wurzeln im preußischen Staatsgebiet fanden sich selbstverständlich im Rheinland. Dort gab es seit der Antike eine kulturgeschichtliche Tradition, die schon doppelt so lange währte als diejenige der Mark Brandenburg. Wenn sich die königlichen Prinzen und dann König Friedrich Wilhelm IV. daher um die Burgen und Schlösser Rheineck, Rheinstein, Sooneck, Stahleck und Stolzenfels bemühten, dann war nicht (oder nicht in erster Linie) romantische Sentimentalität am Werk.

Die Kathedrale als nationales Symbol: Das Kölner Dombaufest am 14. August 1848, kolorierter Holzstich.

Es war König Friedrich Wilhelms „Hauptanliegen, dem Prinzip einer wirksamen, souveränen königlichen Autorität in einem zunehmend säkularen, öffentlichen Massenzeitalter zur Geltung zu verhelfen" (David E. Barclay). Ganz in Übereinstimmung mit seinem Großkanzler und Minister Friedrich Karl von Savigny, dem bedeutendsten Vertreter einer historischen Rechtslehre, sollte die gerechte politische Ordnung auf den historisch gewachsenen Rechtsstrukturen aufbauen und nicht etwa einem rational begründeten „Naturrecht" folgen. Die Burgen am Rhein, die Kirchen in Speyer, Aachen und ganz besonders der Dom in Köln waren ein sichtbarer Ausdruck für eine historisch begründete Rechtsordnung. Für Friedrich Wilhelm IV. war das Rheinland nicht nur eine schöne und romantische, es war eine zutiefst politische Landschaft.

Es erwies sich als besonders öffentlichkeitswirksam, dass der König seinem Programm des „monarchischen Prinzips" einen nationalen Rahmen gab. Das entsprach einerseits seiner Überzeugung, dass es schwerfallen würde, in diesem heterogenen Staatsgebilde einen preußischen Patriotismus herzustellen. Gerade in den westlichen Landesteilen war – wie überall in Westdeutschland – der Gedanke einer nationalen Einheit Deutschlands sehr lebendig, wie zuletzt das Hambacher Fest 1832 spektakulär deutlich gemacht hatte. Hier trafen sich die Vorstellungen der Dichter und Denker von einer deutschen „Kulturnation" mit den Interessen der regsamen bürgerlichen Schicht, die wirtschaftlich in

einem größeren nationalen Verband nur gewinnen konnte. Wenn also Friedrich Wilhelm IV. 1842 in Köln den „Geist deutscher Einigkeit und Kraft“, die den Dom in seinem Glanze erstehen lassen werde, beschwor, traf er genau die Erwartungen seines Publikums.

Im selben Jahr 1842 besuchte der König auch Münster, die zweite bedeutende Bischofsstadt im Westen seiner Monarchie. Fünf Jahre zuvor hatte es hier wegen des Kirchenstreits Tumulte zwischen der Bevölkerung und preußischen Truppen gegeben. Friedrich Wilhelm wurde von seiner Frau Elisabeth Luise aus dem bayerischen Königshaus der Wittelsbacher begleitet. Jetzt war von Ab- und Auflehnung gar nichts mehr zu spüren. Vom triumphalen Einzug in die Stadt berichtete der Westfälische Merkur, „nur ein Wille, nur ein Streben, dem viel geliebten Herrscherpaar ein würdiges Fest in ihrer Mitte zu bereiten“, habe alle Volksschichten bewegt. Überhaupt sei, so glaubte Albert Florschütz, auf einmal „die ganze Provinz von entschieden preußischem Bewusst-

Ebenfalls Ausdruck der Romantik und Hinterlassenschaft Friedrich Wilhelms IV.: Burg Hohenzollern bei Hechingen in der Schwäbischen Alb. Die Stammburg ließ der Monarch ab 1850 neu errichten.

Der Herausgeber Michael Prinz von Preußen mit seiner Frau Prinzessin Brigitta vor der Burg Hohenzollern. Das Paar, das in Schwaben wohnt, zieht es wie einst den „Romantiker auf dem Thron" immer wieder aus privaten wie geschäftlichen Gründen an den Rhein.

Das bayerisch-preußische Allianzwappen Friedrich Wilhelms und Elisabeth Luises am inneren Tor der Burg Stolzenfels.

sein durchdrungen" gewesen – allerdings dann doch nicht so weit, dass „die Vaterlandsliebe ... bis an den Höhepunkt ihrer altkatholischen Sympathien hinangewachsen" wäre. Der König jedenfalls „genoß in vollen Zügen das Glück, sich von seinem Volk verehrt und geliebt zu fühlen" (Friedrich Keinemann). Es zeigt aber auch seinen geradezu nüchternen Realitätssinn, dass er den Überschwang der begeisterten rheinischen und westfälischen Bevölkerung nicht überschätzte. Deshalb blieb er dabei, die offensichtlich wachsende Zustimmung zum preußischen Königshaus auch weiterhin durch das nationale Element zu stabilisieren.

Ein entscheidendes Element im politischen Programm blieb die „politische Landschaft" des Rheins mit den Schlössern, Burgen und Kirchen. „Landschaft und Erinnerung" standen für ein konservatives Modell der Bewahrung und Erneuerung historischer Rechtsstrukturen, die den rasanten Veränderungen der beginnenden Industrialisierung und Massenkultur mäßigende Zügel anlegen sollten. Den konservativen Bürgern der rheinischen Städte waren die Argumente für die Bewahrung historisch entwickelter Rechtsordnung offenbar nicht fremd und nicht unsympathisch. Alte, als bewährt empfundene Normen beizubehalten und doch nicht auf die Vorteile zeitgemäßer Gewerbe und eines großen nationalen Marktes zu verzichten – eine solche Verbindung von Tradition und Fortschritt kam dem bürgerlichen Gewerbefleiß und Sicherheitsbedürfnis entgegen. Wenn der König dann auch noch die „oligarchische Macht der preußischen Beamten" brechen und „in alle Räder der Maschine" eingreifen wollte, wie er auf Stolzenfels dem Staatskanzler Metternich auseinandersetzte – dann stand seiner Aufnahme in die rheinischen Herzen nichts mehr im Wege.

Das politische Programm einer inneren Einheit des preußischen Staates im Rahmen der deutschen Einigung ist heute vor allem als historisches Phänomen von Bedeutung. Preußen spielt in der Erinnerungskultur der Rheinlande keine besonders hervorragende Rolle mehr. Und doch ist manches, was als geradezu typisch rheinisch gilt, auch ein preußischer Beitrag zur Kultur des Landes. Das bayerisch-preußische Allianzwappen Friedrich Wilhelms und Elisabeth Luises am inneren Tor der Burg Stolzenfels erinnert zum Beispiel daran.

Heute stehen Rheinromantik und Denkmalschutz in der öffentlichen Erinnerung weit mehr im Vordergrund als die „politische Landschaft" eines preußischen Staatsmodells. Und selbst die „deutsche" Dimension des Flusses tritt gegenüber seiner verbindenden europäischen Bedeutung in den Hintergrund. Im „Europa der Regionen" könnte aber der preußische Beitrag zur Gestaltung der Landschaft und ihrer Kulturdenkmäler doch Beachtung finden. Dass es auch im Denkmalschutz einen beachtenswerten preußischen Aspekt gibt, ruft dieser Bildband über die „Preußen am Rhein" in Erinnerung. Insbesondere mag das Buch dazu beitragen, die Verantwortung für das historische Erbe ernst zu nehmen, die Denkmäler unserer Kulturlandschaften und ebenso die damit verbundenen Erinnerungen zu bewahren.

Michael Prinz von Preußen
Bisingen-Thanheim, im April 2011

Der „preußische Beitrag" zur Kulturlandschaft Europa geht weit über das historische Erbe hinaus. Blick auf den Kölner Dom mit Hohenzollernbrücke und Rhein.

Am Anfang war Blücher – die Preußen am Rhein

Generalfeldmarschall Gebhard Leberecht von Blücher auf einer Kreidelithografie von 1830 nach einem Gemälde von Friedrich Carl Gröger.

Mit dem Glockenschlag um Mitternacht der Wende des Jahres 1813/14 überquert der preußische Generalfeldmarschall Gebhard Leberecht von Blücher bei Burg Pfalzgrafenstein den Rhein. „General Vorwärts", wie Blücher auch genannt wird, steht an der Spitze schlesischer Truppen und seine Rheinüberquerung läutet das Ende der französischen Herrschaft über die Rheinprovinzen ein.

Knapp 20 Jahre zuvor hatte die französische Republik ihre Grenzen bis an den Fluss ausgedehnt, und auch einige rechtsrheinische Gebiete gerieten unter französischen Einfluss: Zunächst die Brückenköpfe Wesel und Mainz-Kastel, 1806 wurden auch St. Goarshausen und Langenschwalbach französisch. Immer wieder versuchte Preußen mit wechselnden europäischen Koalitionen, die Franzosen zurückzudrängen. Vergeblich: Schon 1795 und 1797 musste man im Frieden von Basel die Herrschaft Frankreichs über das linke Rheinufer anerkennen und der 1801 in Lunéville geschlossene Friede bestätigte Frankreichs Ostgrenze am Rhein. 1803 wurden die deutschen Fürsten für die Verluste ihrer linksrheinischen Territorien teilweise entschädigt, die geistlichen Fürstentümer aufgelöst. Als sich drei Jahre später die Rheinbundstaaten unter dem Protektorat Napoleons zusammenfanden und sich vom Reich lossagten, besiegelten sie das Ende des Heiligen Römischen Reiches Deutscher Nation, das seit der Herrschaft Ottos I., des Großen, im Jahr 962 insgesamt 844 Jahre bestanden hatte. Der Habsburgische Kaiser regierte zwar als Franz I. weiter über Österreich, die deutsche Reichskrone legte er jedoch nieder.

Erst der für Frankreich verheerende Russlandfeldzug und die sich anschließende Niederlage Napoleons in der Völkerschlacht bei Leipzig 1813 führten zum Abfall seiner deutschen Verbündeten und zum Rückzug der Franzosen über den Rhein. Blüchers Rheinüberquerung setzten sie kaum mehr Widerstand entgegen. Noch im Januar

„Blüchers Rheinübergang bei Caub" auf einem Gemälde von 1860 von Wilhelm Camphausen.

1814 gelang die Besetzung Kölns, Aachens, Bonns, Triers und Koblenz durch die Koalitionstruppen, im Mai zogen sie siegreich in Mainz ein.

Auf dem Wiener Kongress 1815, der nach dem Sieg über Napoleon Europa neu ordnete, sprachen die Siegermächte das Rheinland und Westfalen Preußen zu. Die rechte Rheinseite südlich von Nieder-Lahnstein bis Frankfurt gehörte bereits seit 1806 zum Herzogtum Nassau, ebenso wie nun die Niedergrafschaft Katzenelnbogen mit St. Goar und Rheinfels, die Preußen von Kurhessen erworben hatte. Im preußisch-österreichischen Krieg von 1866 schlug sich das Herzogtum Nassau allerdings auf die Seite Österreichs und wurde als Folge der militärischen Niederlage im selben Jahr dem preußischen Staat einverleibt. So gehörte seit diesem Jahr das gesamte Rheintal zwischen Emmerich am Niederrhein und dem Mainzufluss zu Preußen, mit Ausnahme des kurzen linksrheinischen Uferstücks zwischen Bingen und Mainz, das beim Großherzogtum Hessen-Darmstadt verblieb.

Mainzisches Intelligenzblatt,

mit kurfürstlichem gnädigsten Privilegium.

Nro 55. Mittwoch den 31ten im Julius 1793.

Verordnungen.

Wir Friderich Karl Joseph, von Gottes Gnaden des heiligen Stuhls zu Mainz Erzbischof, des heil. römischen Reichs durch Germanien Erzkanzler und Kurfürst, auch Fürst und Bischof zu Worms ꝛc. ꝛc.

Mit wahrer väterlicher Theilnahme, und mit größter Betrübniß haben Wir den Drangsalen und harten Bedrückungen, welche Unsere gute Bürger der Stadt Mainz mit einem großen Theile Unserer Unterthanen auf dem Lande, seit dem 21ten Oktober vorigen Jahres, durch den Einfall der Franzosen erduldet haben, zusehen müßen; Wir haben aber auch mit gerührtem Herzen, und mit der lebhaftesten Freude die beharrliche deutsche Treue und Standhaftigkeit erfahren, womit Unsere gutgesinnte Unterthanen allen Versuchen und allem Zwange, ihrem Fürsten untreu zu werden, und der französischen Konstitution anzuhangen, widerstanden haben.

Wir erkennen dieses edle Betragen Unserer geliebten Bürger mit dem wärmsten Gefühle der Dankbarkeit, die Wir ihnen hier mit Vergnügen öffentlich bezeigen.

Vor allem wollen Wir zum eigenen Wohl Unserer Unterthanen die vorige Ordnung der Dinge wieder herstellen, zu dem Ende heben Wir alle von der französischen Generalität, dem anmaßlichen Konvente, Administration und Munizipalität, oder jeder andern usurpirten Gewalt, erlassene Proklamationen, getroffene Verfügungen, ertheilte Geseze und Verordnungen hiemit auf, und erklären dieselben für Null und Nichtig; zu gleicher Zeit bestätigen Wir alle Unsere bisherige Dikasterien und Gerichte, so, wie alle Unsere vorhin bestandene Stellen in der Stadt und auf dem Lande, die Wir auch hiemit zu ihren vorigen Verrichtungen wieder anweisen.

Wir ermahnen demnach alle Unsere getreue Unterthanen väterlich, diesen von Uns wieder angeordneten Stellen von neuem den gebührenden Gehorsam zu leisten, sich derselben bekannten Gerechtigkeitsliebe mit vollem Vertrauen zu überlassen, ohne sich auch nur die mindeste Eigenmacht zu erlauben, und Uns ferner die mit ruhmvoller Standhaftigkeit zeither erprobte Treue zu beweisen, dagegen aber auch von Uns überzeugt zu sein, daß Wir keinen andern Wunsch in Unserm Herzen nähren, als den Rest Unserer Tage dem Glück und der Zufriedenheit Unserer geliebten Unterthanen noch ferner zu widmen. Aschaffenburg am 25ten Julius 1793.

Friderich Karl Joseph, Kurfürst.

(L. S.)

Vdt. Freiherr von Albini.

Wir Adam Heinrich von Wolframsdorf, General-Lieutenant, Chef eines Regiments Infanterie, Ritter des rothen Adlerordens und Gouverneur der Stadt und Festung Mainz, und

Die Rückeroberung durch preußische Truppen beendete die Mainzer Republik. Proklamation des Kurfürsten Erthal über die Wiederherstellung der alten Ordnung in Mainz, 25. Juli 1793, Veröffentlichung der Proklamation im Mainzischen Intelligenzblatt.

Schon 1822 vereinigten die Preußen ihre neuen rheinischen Gebiete zu einer gemeinsamen Provinz, für die sich einige Jahre später der Name „Rheinprovinz" einbürgerte. An der Spitze der neuen Provinz stand der Oberpräsident in Koblenz, der provinziale Landtag trat in Düsseldorf zusammen und das Oberappellationsgericht tagte in Köln. Die 1868 neu geschaffene preußische Provinz Hessen-Nassau bekam ihren Verwaltungssitz in der Provinzhauptstadt Kassel.

Die Rheinländer selbst blickten ihren neuen Herren zunächst mit gemischten Gefühlen entgegen. Schon zur Franzosenzeit sahen sich die Menschen am Rhein in einer mittleren Position zwischen den großen europäischen Gegensätzen Preußen und Frankreich. Sie hatten schon zahlreiche Obrigkeiten kommen und gehen sehen,

Der Rhein war seit Beginn des 19. Jahrhunderts Projektionsfläche romantischer und national-patriotischer Geister. Blick auf Rhens am Rhein.

kaum einer ergriff Partei für die kurfürstliche oder gar die patriotisch deutsche Sache. Doch auch die von Frankreich herüberschwappenden revolutionären neuen Ideen fielen auf wenig fruchtbaren Boden. So blieb die Mainzer Republik, das erste freiheitlich-demokratische Gemeinwesen im späteren Deutschen Reich, nur eine zweiwöchige Episode des Jahres 1793.

Kaiser Napoleon selbst war man im Rheinland nicht ohne Bewunderung begegnet. Eigenhändig zogen die Kölner 1804 den Wagen des Triumphators in die Stadt und auch bei seinem zweiten Besuch, sieben Jahre später, feierten sie den Korsen als legitimen Nachfolger der römischen Kaiser. Die Errungenschaften der französischen Herrschaft wussten die Rheinländer wohl zu würdigen: Die Franzosen hoben das Zunftrecht auf und führten Gewerbefreiheit ein, jeder konnte nun frei seinen Beruf wählen. Die Bauern befreiten die neuen Herren von ihren wirtschaftlichen Lasten. Stadt und Land wurden wie in Frankreich einander rechtlich gleichgestellt und nach dem „Code Civil", der 1804 eingeführten Zivilrechtsordnung, waren alle Bürger vor dem Gesetz gleichberechtigt. Dazu arbeitete die zentral geleitete Verwaltung der Franzosen effizienter als vormals die verschiedenen Behörden der zersplitterten Reichsterritorien. Protestanten und Juden wurden nach und nach den Katholiken gleichgestellt. Die Geistlichkeit verlor ihre Pfründe, kirchlicher Besitz wurde eingezogen und verkauft. Als die Franzosen während der Kontinentalsperre die Küsten für den Warenverkehr abriegelten, erblühte das linksrheinische Manufakturwesen. Die darbenden rechtsrheinischen Gebiete, die nun weder nach Frankreich noch nach Übersee exportieren konnten, suchten sogar freiwillig den Anschluss an Frankreich.

Die patriotische Welle, mit der die Befreiungskriege einhergingen, ergriff das Rheinland deshalb erst sehr spät. Zuerst entdeckte man in Preußen und anderen deutschen Territorien den Rhein als Kernland der deutschen Geschichte. Nicht ein Fluss, so hieß es, könne zwei Völker trennen, sondern nur die Sprache dürfe eine natürliche Grenze bilden. „Der Rhein, Teutschlands Strom, aber nicht Teutschlands Gränze" wie es der Schriftsteller Ernst Moritz Arndt 1814 in seinem Aufruf formulierte und damit eine Welle der Begeisterung für die Befreiung des Rheins und des deutschen Vaterlandes vom napoleonischen Joch auslöste. Nun erhielt die schwärmerische Begeisterung einiger romantischer Dichter, die seit Beginn des 19. Jahrhunderts immer wieder das Rheintal bereist und vor allem die wildromantische, erhabene Naturlandschaft zwischen Bingen und Bonn gepriesen hatten, eine nationalpatriotische Komponente. „Von diesen schönen rheinischen Landen war vor einem Jahrtausend unsere Geschichte ausgegangen; jetzt flutete der mächtige Strom des deutschen Lebens aus den jungen Colonistenlanden des Nordostens wieder nach Westen zurück in sein verschüttetes altes Bette", wie der Historiker Heinrich von Treitschke die

Der Königsstuhl bei Rhens – der ab 1376 erbaute Versammlungsort der Kurfürsten – auf einer Radierung von 1798.

Der in Ehrenbreitstein geborene Clemens Brentano, hier auf einem Gemälde von 1837, setzte General Blücher in seinem „Kriegsrundgesang" ein Denkmal.

Joseph-Görres-Denkmal in den Rheinanlagen in Koblenz. Nach der Veröffentlichung seiner Schrift „Deutschland und die Revolution" ordnete Friedrich Wilhelm III. die Verhaftung des in Koblenz geborenen Publizisten an.

Rückeroberung durch Preußen später begeistert beschrieb. Der Rhein als Schauplatz der Nibelungensage galt als Geburtsstätte des deutschen Volkes, am Moselzufluss hatte sich 1216 der Deutsche Orden angesiedelt und so dem Deutschen Eck seinen Namen gegeben, und im oberen Mittelrheintal waren einst die Territorien der vornehmsten deutschen Kurfürsten aneinandergestoßen, diejenigen der Erzbischöfe von Mainz, Trier und Köln und des weltlichen Kurfürsten von der Pfalz. Zu Rhens wählten sie einst den deutschen König. Zahlreiche Burgruinen schufen ein steinernes Zeugnis vergangener Größe. Zahllose Legenden und Sagen erzählten von wundersamen Begegnungen, tapferen Rittern und ehrbaren Jungfrauen. In Anthologien und Märchenbüchern wurden sie gesammelt, neu formuliert und weitergesponnen.

So feierte man schließlich auch am Rhein den Sieg der Preußen als Befreiung von der Fremdherrschaft. Der in Ehrenbreitstein geborene Brentano huldigte Blücher in seinem „Kriegsrundgesang" und der von den Franzosen enttäuschte Joseph Görres, ehemaliger Jakobiner, nannte seinen in Koblenz erscheinenden „Mercure du Rhin" in „Rheinischen Merkur" um. Freilich erregte trotz der patriotischen Gesinnung das Eintreten des Blattes für Pressefreiheit, Verfassungsstaat und Volkssouveränität bald Argwohn in Berlin. Nach kaum zwei Jahren verboten 1816 die preußischen Behörden den „Rheinischen Merkur". Görres entging seiner Verhaftung nur durch Emigration in die Schweiz.

Erfolgreicher waren die Rheinländer in der Beibehaltung ihrer rechtlichen Errungenschaften. Die Preußen scheiterten mit dem Versuch, die preußische Ständeordnung einzuführen. Im Rheinland blieb weiterhin die rheinisch-französische Kommunalverfassung gültig. Auch der Code Civil blieb als „Rheinisches Recht" weiter in Kraft. Freilich verletzten die 1824 verabschiedete Rheinische Provinzialverfassung und das Gesetz zur Autonomie der rheinischen Ritterschaft von 1837 wesentliche Grundsätze dieser Rechtsordnung. Auch die Karlsbader Beschlüsse von 1819 und 1824, nach denen nationalliberale Tendenzen verschärft unterdrückt wurden, trugen kaum zur Beliebtheit der Preußen am Rhein bei. Ernst Moritz Arndt, der sich für den deutschen Rhein stark gemacht hatte, wurde verhaftet und seines Lehrstuhls an der Universität Bonn enthoben. Nur wenige Jahre nach dem Jubel über die Vertreibung der Franzosen entstand eine politische Kluft zwischen den eroberten Territorien und ihren neuen Herren.

Doch die Herrschaft der Preußen brachte dem Rheinland durchaus auch Fortschritte. In Bonn rief der preußische König Friedrich Wilhelm III. schon 1818 eine akademische Ausbildungsstätte für seine neuen Territorien ins Leben. Im selben Jahr wuchs Preußen zu einem einheitlichen Zoll- und Wirtschaftsgebiet zusammen, das 1834 in der Deutschen Zollunion mündete. Für die rheinische Industrie vergrößerten sich die Absatzmärkte, gerade weil die älteren Teile Preußens noch weniger stark entwickelt waren. Viele Rheinländer expandierten nach Schlesien und gründeten dort Fabriken, Manufakturen und Agrargüter. In der zweiten Hälfte des 19. Jahrhunderts konnte sich der Regierungsbezirk Düsseldorf zum Zentrum des gesamtdeutschen Industrialisierungs- und Verstädterungsprozesses entwickeln. Die 1871 unter preußischer Führung endlich erreichte deutsche Reichsgründung verbesserte noch einmal nachhaltig die wirt-

Napoleons Herrschaft und Errungenschaften wie der Code Civil hinterließen folgenreiche Spuren am freiheitsliebenden Rhein. Der Kaiser der Franzosen, neben ihm auf dem Schreibtisch das Gesetzeswerk von 1804, auf einem Gemälde von 1812 von Jacques Louis David.

schaftlichen Möglichkeiten der rheinischen Industrie. Nach ersten privaten Initiativen übernahm die preußische Regierung die Förderung des Eisenbahnbaus. Schon 1825 bereiste König Friedrich Wilhelm III. den Rhein in einem Dampfschiff. Er war nicht der erste Reisende am Rhein, doch dem königlichen Beispiel folgten Tausende. Der erste Massentourismus entstand und brachte dem romantischen Oberrheintal Einkünfte. Für zahlreiche Orte im Tal wurde der Tourismus zum bedeutenden Wirtschaftsfaktor, besonders in den Jahren zwischen der deutschen Reichsgründung und dem Ersten Weltkrieg.

Im Juni 1840 bestieg der im Rheinland beliebte Kronprinz als Friedrich Wilhelm IV. (1795–1861) den preußischen Thron. Schon 1815 hatte er den Strom bereist und sich von der Landschaft überwältigen lassen: „Auf dem Rhein! … Diese Seligkeit hier! … O Dio – dies ist die schönste Gegend von allen deutschen Landen“, soll er begeistert gerufen haben. Die Rheinländer schlossen den jungen Prinzen ins Herz. Wohltuend unterschied er sich von seinem als allzu preußisch-bürokratisch empfundenen Vater. Friedrich Wilhelm galt als hochgebildeter Intellektueller mit vielseitigen Interessen und pflegte den Umgang mit führenden deutschen Schriftstellern, Gelehrten und Künstlern wie Friedrich Wilhelm Schelling, Ludwig Tieck, den Gebrüdern Grimm, Wilhelm und Alexander von Humboldt oder Bettina von Arnim und Felix Mendelssohn-Bartholdy. Seine Entwürfe für Gebäude und Gartenanlagen hielt er in tausenden Zeichnungen und Skizzen fest. Er unterstützte die

Unter Friedrich Wilhelm III., hier auf einem Gemälde von 1836, wurde 1818 die nach ihm benannte Universität in Bonn gegründet. Daneben erwuchs die Rheinprovinz unter seiner Regentschaft zu einer bedeutenden Wirtschaftsregion.

Bestrebungen zur Vollendung des Kölner Doms und übernahm 1841 die Schirmherrschaft des Zentral-Dombauvereins. Bereits als Kronprinz knüpfte er enge Verbindungen mit Joseph Lenné, dem berühmtesten deutschen Gartenbaukünstler der Zeit. Friedrich Wilhelm und seine Brüder sorgten für den Wiederaufbau zahlreicher Burgen und Schlösser im Rheinland. Erstmals tauchten Überlegungen rund um den Denkmalschutz und die Bewahrung historischer Kulturgüter auf. So schenkte ihm die Stadt Koblenz Burg Stolzenfels. Ihre Renovierung und Erweiterung war das sichtbare Zeugnis seiner romantischen Gefühlswelt und architektonischen Ambitionen. Die Rheinromantik hatte mit Friedrich Wilhelm IV. einen königlichen Fürsprecher und Protagonisten erhalten.

Friedrich Wilhelm III. als Wegbereiter des Rheintourismus: Der König von Preußen 1825 auf dem Dampfer „De Rijn" in Köln, im Hintergrund der noch unvollendete Dom.

Blick in ein Schlafgemach auf Burg Stolzenfels. Die renovierte Schlossanlage zählt zu den architektonischen Höhepunkten der Rheinromantik.

Blick auf Burg Stolzenfels, die unter Friedrich Wilhelm IV. renoviert und erweitert wurde.

„Fest steht und treu die Wacht am Rhein“, Holzstich zum Gedicht von Max Schneckenburger von 1840.

Ins erste Jahr der Regierungszeit Friedrich Wilhelms fiel die Rheinkrise. In Frankreich wurden Stimmen laut, die den Rhein für sich beanspruchten. Victor Hugo schrieb von Andernach: „Frankreich muss den Rhein zurückholen“, der Dichter Alphonse de Lamartine meldete dieselben Ansprüche vor der französischen Abgeordnetenkammer an. Im selben Jahr wurden die Gebeine Napoleons feierlich von St. Helena nach Paris überführt; sie erinnerten die Franzosen an glorreiche, vergangene Zeiten. Der Kriegsminister schürte die Stimmung, Gerüchte von Rekrutierungen und Rüstung machten die Runde. Heinrich Heine, Korrespondent der Augsburger Allgemeinen, berichtete aus Paris: „Das Nationalgefühl ist aufgeregt bis in seine abgründigsten Tiefen, und der große Akt der Gerechtigkeit erscheint den Franzosen als eine Rehabilitation ihrer verletzten Nationaleitelkeit, als ein nachträgliches Pflaster für die Wunde von Waterloo.“

Auf der deutschen Rheinseite war man alarmiert. In ganz Deutschland regten sich die Proteste. Max Schneckenburger verfasste das Gedicht „Die Wacht am Rhein“. Nikolaus Beckers Rheinlied „Sie sollen ihn nicht haben, den freien deutschen Rhein …“ erlebte in Anwesenheit des Königs im Kölner Theater seine Uraufführung und wurde begeistert vom Publikum mitgesungen. Eine Regierungsumbildung in Frankreich beendete den Konflikt unblutig, doch der Rhein war endgültig zum Symbol geworden für das deutsche Nationalbewusstsein und auch für den Gegensatz zu Frankreich. Trotz aller Unterschiede zum preußisch-konservativen Herrscherhaus begriff sich das Rheinland nun als Teil eines zu gründenden Deutschlands. Die solide preußische Verwaltung schuf ein Gefühl für Einheit und Zusammengehörigkeit. Auch die Rheinländer empfanden nun patriotisch.

Innenpolitisch leitete der neue König Friedrich Wilhelm IV. erste Maßnahmen zur Lockerung der Pressezensur ein, beendete die Verfolgung der Altlutheraner und bemühte sich um einen Ausgleich im Streit mit den Katholiken, was ihm bei seinen rheinischen Untertanen viele Sympathien einbrachte. Doch auch im Inneren folgte er dem Programm einer politischen Romantik und wünschte eine Staatsverfassung auf ständisch-korporativer Basis, also aufbauend auf althergebrachten Rechtsvorstellungen aus dem Mittelalter. Fast zwangsläufig musste das im fortschrittlichen Rheinland auf Widerspruch stoßen. Liberales und sozialistisches Gedankengut wurde unterdrückt, 1843 die „Rheinische Zeitung“ in Köln, deren Redakteur Karl Marx war, verboten. Obwohl Friedrich Wilhelm IV. nach der Märzrevolution von 1848 für das Königreich Preußen eine Verfassung akzeptieren musste, blieb ihm die neue Ordnung doch fremd.

Sein Bruder Prinz Wilhelm (1797–1888) wurde 1849 zum Generalgouverneur der Rheinprovinz ernannt. Im Folgejahr bezog er mit seiner Frau Augusta von Sachsen-Weimar-Eisenach (1811–1890) die neue Residenz in Koblenz, das am Rhein gelegene Schloss der letzten Kurfürsten von Trier. Vor allem Augusta fühlte sich im Rheinland wohl. Sie ließ in Koblenz großzügige Gärten anlegen, ihr Sohn Friedrich studierte im nahe gelegenen Bonn Rechtswissenschaften und war damit der erste preußische Thronfolger, der eine akademische Ausbildung genoss. Am Koblenzer Hof verkehrten Vertreter des rheinischen Liberalismus. Wilhelm übernahm, nachdem Friedrich Wilhelm IV. 1857 einen Schlaganfall erlitt, die Regentschaft und bestieg 1861 als Wilhelm I. den preußischen Thron. Obwohl er noch bei den Märzunruhen 1848 als „Kartätschenprinz“ traurigen Ruhm erlangt hatte, zeigte er nun Sympathien für den Liberalismus rheinischer Prägung. Im ersten von ihm eingesetzten Kabinett herrschten die gemäßigt-liberalen Kräfte vor.

Vorbote und Ausdruck einer neuen Ordnung: der Kampf zwischen Bürgern und Soldaten in Berlin am 18. und 19. März 1848, die sogenannte Märzrevolution.

Das Kurfürstliche Schloss in Koblenz war Residenz des Generalgouverneurs der Rheinprovinz, Prinz Wilhelm von Preußen, und seiner Frau Augusta von Sachsen-Weimar-Eisenach.

Die Proklamierung des Deutschen Kaiserreichs im Spiegelsaal des Schlosses von Versailles, Gemälde von Anton von Werner von 1885.

Der Ministerpräsident Preußens, Otto von Bismarck, trieb in drei Einigungskriegen – 1864 gegen Dänemark, 1866 gegen Österreich, 1870/1871 gegen Frankreich – die Schaffung eines deutschen Kaiserreichs voran. 1871 wurde Wilhelm im Spiegelsaal von Versailles zum Deutschen Kaiser proklamiert. Doch Wilhelm dachte eher in dynastischen als in nationalstaatlichen Kategorien. Die konstitutionelle Monarchie des Deutschen Kaiserreichs bedeutete tatsächlich einen Machtverlust. Er habe „die glänzende preußische Krone mit dieser Schmutzkrone vertauschen müssen", wie er gegenüber seinem Sohn äußerte. Mehr und mehr überließ er die Regierungsgeschäfte dem Reichskanzler Bismarck. Als kaiserliche Integrationsfigur für das neu geschaffene Deutsche Reich bemühte er sich jedoch durchaus erfolgreich um die Ausbalancierung politischer Interessen und gesellschaftlicher Gegensätze. Auch mit seinem an Sparsamkeit und Einfachheit orientierten Lebensstil gewann er das Ansehen und die Achtung der Bevölkerung.

Die Rheinromantik im Kaiserreich

Die eigentliche Hochzeit der preußischen Rheinromantik endete, als Wilhelm und Augusta 1858 von Koblenz nach Berlin, in die Hauptstadt Preußens und des zukünftigen Deutschen Reiches zurückkehrten. Die Begeisterung, Neugier und Leichtigkeit, mit der die Hohenzollern die Rheinromantik für sich entdeckt hatten, wich der preußisch-deutschen Staatsraison, in der das Rheinland nur ein Teil des größer werdenden Territoriums war. Freilich imitierten nun viele Industrielle das Herrscherhaus und erbauten sich romantische Herrensitze hoch über dem Rheintal.

Der Rhein blieb freilich ein politisches Symbol für die gesamtdeutsche Staatlichkeit, Mythos des Werdens einer deutschen Nation. Denn die Rheinromantik war eine untrennbare Verbindung mit dem deutschen Nationalgedanken eingegangen. So fallen der Bau und die Einweihung zahlreicher Denkmäler am Rhein, die an Preußens Gloria und deutsche Triumphe erinnern, in die Zeit nach der Reichsgründung. Mit einer überlebensgroßen Germania, die in ihrer rechten Hand stolz die wiedererlangte Kaiserkrone schwingt, setzte das Deutsche Reich oberhalb von Rüdesheim dem Sieg über Frankreich nach Entwürfen von Johannes Schilling und Karl Weißbach ein Denkmal. In den Sockel dieses sogenannten Niederwalddenkmals meißelten die Bildhauer das Lied von der „Wacht am Rhein", das auch in den zukünftigen Auseinandersetzungen mit Frankreich seinen Hymnencharakter behalten sollte. Den Grundstein für das Nationalmonument legte Kaiser Wilhelm I. 1877. Nach sechsjähriger Bauzeit konnte er das Denkmal in Anwesenheit der deutschen Fürsten einweihen. Industrielle und Handwerker, Krieger- und Gesangsvereine, Studenten, Ehrenjungfrauen und Fahnenabordnungen aus allen

Bacharach im Mittelrheintal, oberhalb der Stadt ist die Burg Stahleck zu sehen. Eindrucksvolle Zeugen der Vergangenheit sind neben den Burgen die noch in großen Teilen erhaltene Stadtbefestigung mit ihren Türmen sowie die Gotteshäuser. Mit dem Aufkommen der Rheinromantik im 19. Jahrhundert entwickelte sich Bacharach zu einem touristischen Zentrum.

Das Reiterdenkmal Kaiser Wilhelms I. von Emil Hundrieser am Deutschen Eck, dem Zusammenfluss von Mosel und Rhein, auf einer historischen Fotografie von 1905.

deutschen Regionen versammelten sich und weihten das Denkmal der „gemeinsamen Vaterlandsliebe“, wie es ein Festredner ausdrückte. Der Rhein war nicht nur pittoreske Kulisse, sondern Sinnbild für die geeinte Nation. Doch an der Geschichte des Niederwalddenkmals lässt sich erahnen, dass die Einheit der Nation unter der Vorherrschaft der Preußen ein Stück weit Wunschdenken blieb: Beinahe wäre das Vorhaben an der ungeklärten Finanzierungsfrage gescheitert, nur mühsam konnten Spenden gesammelt werden und letztlich musste die Reichskasse einspringen. Der von einer Anarchistengruppe vorbereitete Anschlag auf Denkmal und versammelte Festgesellschaft scheiterte nur knapp am Regen, der die Zündschnur vollkommen aufgeweicht hatte.

Nach dem Tod Wilhelms I. 1888 sprossen in ganz Deutschland Kaiser-Wilhelm-Denkmäler aus dem Boden, für den Vollender

Das Deutsche Eck heute – Ausgangspunkt zahlreicher Schiffsfahrten auf Rhein und Mosel und beliebtes Motiv der Touristen.

Der Reichskanzler als Roland – Sinnbild städtischer Eigenständigkeit und Freiheit: die Bismarcksäule am Oberländer Ufer in Köln auf einer Ansicht um 1905.

der deutschen Einheit. Am Deutschen Eck errichtete auch die Provinzialregierung in Koblenz zwischen 1891 und 1897 ein Reiterstandbild des Kaisers. Auf einem Sockel aus Granit, gleichzeitig eine begehbare Ehrenhalle, wacht der Reiter über den Zufluss der Mosel in den Rhein.

Unter den Siegermächten des Zweiten Weltkrieges verschwand der Reiter von seinem Sockel unter bis heute nicht ganz geklärten Umständen im März 1945. Die französische Besatzung bemühte sich in der Folge erfolglos um eine Neugestaltung des Deutschen Ecks. Das Land Rheinland-Pfalz brachte auf dem verbliebenen Sockel schließlich Bronzetafeln mit den Namen der deutschen Bundesländer an sowie mit den Bezeichnungen der Länder, die „der Machtanspruch des Krieges aus der deutschen Einheit gelöst hat“. Eine Bundesfahne auf dem Sockel gemahnte an „die neu zu gewinnende Einheit“ des zweigeteilten Deutschlands, wie Bundespräsident Theodor Heuss bei der Neueinweihung im Mai 1953 anmerkte. Nach der deutschen Wiedervereinigung 1989 gab es erneut Diskussionen. Einige wünschten sich das Denkmal als herausragendes Beispiel für die Kunstgeschichte um 1900, andere schlugen vor, das Reiterstandbild neben den Sockel zu stellen, um den martialischen Eindruck abzumildern, wieder andere lehnten die Neuerrichtung vollständig ab. Das Koblenzer Verlegerehepaar Theisen schenkte der Stadt schließlich die Nachbildung des Reiterstandbildes. Seit 1993 steht Kaiser Wilhelm wieder an seinem Platz auf dem Sockel am Deutschen Eck. Drei nahebei aufgestellte Betonelemente der Berliner Mauer erinnern noch heute an die deutsche Teilung und ihre Opfer.

Abgesehen von Niederwalddenkmal und Deutschem Eck blieb das romantische Mittelrheintal eine Denkmallandschaft, die vor allem an das Mittelalter erinnert. Burgen und Schlösser wurden zwar in preußischer Zeit wieder oder neu erbaut, doch fehlt ihnen die triumphalistische Geste der Ära des Deutschen Reiches. Selbst die an der Wende vom 19. zum 20. Jahrhundert überall in Deutschland entstehenden Türme zu Ehren Otto von Bismarcks beschränkten sich am Rhein weitgehend auf die Städte.

In Köln und Bonn erinnern wuchtige, am Fluss oder auf den Höhenzügen gelegene Türme an den ersten deutschen Reichskanzler. Auf dem Heddesdorfer Berg in Neuwied lud ab 1911 lediglich eine Bismarckplattform zu einer herrlichen Aussicht über das Rheintal ein. Heute erinnert nur noch ein Gedenkstein daran, denn 1974 wurde die baufällige Aussichtsterrasse abgerissen. Auf der Elisenhöhe bei Bingerbrück, gegenüber dem Niederwalddenkmal, wurde ein weiteres Bismarckdenkmal geplant, kam aber, als der Erste Weltkrieg ausbrach, nicht mehr zur Ausführung. In Braubach, unterhalb der Marksburg, führte man den romantisierenden Gestus weiter bis in die Kaiserzeit und nahm mittelalterliche Bauformen auf, um der Toten des Deutsch-Französischen Krieges 1870/71 zu gedenken. Aus alten Bruchsteinen wurde in den Rheinanlagen 1903/04 ein trutziger Turm errichtet, der an das Bollwerk einer alten Stadtmauer erinnert. Auch die Inschrift „Wer wollte den Deutschen widerstahn. So sie kunten zusammen gahn“ erinnert sprachlich ans Mittelhochdeutsche und vermittelt doch eine damals zeitgemäße Botschaft. Mittlerweile ehrt das Bauwerk auch die Toten der beiden Weltkriege.

An Blüchers Rheinübergang lassen sich die Veränderungen der Bildsprache und Ästhetik gut erkennen. Seit 1853 erinnerte ein schlichter Gedenkstein zwischen Bacharach und Oberwesel an Blüchers Vormarsch „zur Wiedergeburt Preußens und des deutschen Vaterlandes“. Im Kaiserreich wuchs die Zahl der Denkmäler an. 1894 errichtete die Stadt Kaub an ihrer Uferpromenade dem General ein neues Denkmal. Vier Meter hoch erhebt sich ein bronzener Blücher auf einem ebenso hohen Sockel und zeigt mit herrischer Geste über den Rhein. Am 18. Juni, dem Jahrestag der Schlacht bei Waterloo, wurde das Denkmal feierlich enthüllt, an dem Ort, wo „General Vorwärts“ mit seinen Truppen erstmals den Rhein überquert hatte.

Ein „Kriegerdenkmal“, das heute auch die Toten der beiden Weltkriege ehrt: der Turm in den Rheinanlagen unterhalb der Marksburg in Braubach.

„General Vorwärts“ zu Ehren: Das Blücher-Denkmal in Kaub am Rhein wurde 1894 enthüllt, im Hintergrund ist Burg Gutenfels aus dem 13. Jahrhundert zu sehen.

Zentren von Macht und Geist: Koblenz, Bonn, Köln, Düsseldorf

Koblenz

Schon kurz nach der Eroberung der linken Rheinseite planten die Preußen den Ausbau von Koblenz zur Festungsstadt. Auf den Hügeln in und um Koblenz entstand nach den Plänen der beiden preußischen Generäle Ernst Ludwig Aster und Claudius Franz Le Bauld de Nans ein ausgeklügeltes System moderner Forts, Vorwerke und Schanzen, darunter die Feste Kaiser Franz oder die Feste Kaiser Alexander, benannt nach den treuen Verbündeten Preußens in den Befreiungskriegen. Die einzelnen Anlagen waren durch Hohlgänge oder unterirdische Gänge miteinander verbunden und schützten Rheinübergang und Stadt sowie seit 1859 den im Schatten der Feste Franz angelegten Lützeler Güterbahnhof.

Hoch über dem Zusammenfluss von Rhein und Mosel thront das Symbol der Festungsstadt Koblenz – die Festung Ehrenbreitstein.

Zum Teil wurden die Festungen bereits gegen Ende des 19. Jahrhunderts als unzeitgemäß aufgegeben und abgerissen, andere Anlagen mussten laut den Vereinbarungen des Versailler Vertrags nach dem Ersten Weltkrieg entfestigt und zerstört werden. Fast vollständig erhalten sind bis heute lediglich Fort Konstantin, ein Vorposten der Feste Alexander am nördlichen Steilhang des Karthäuserberges, sowie das Löwentor der Feste Alexander, Reste der Feste Kaiser Franz und das unterirdische Gangsystem der Neuendorfer Flesche.

Seit 1815 war die Festungsstadt Koblenz Sitz des Oberpräsidenten der „Niederrhein“ genannten Provinz, seit 1822 der gesamten Rheinprovinz. Das in Koblenz ansässige Gerichtswesen zog ins Kurfürstliche Schloss, das Clemens Wenzeslaus von Sachsen, der Kurfürst von Trier, Ende des 18. Jahrhunderts als seine neue Residenz im frühklassizistischen Stil hatte erbauen lassen. Seit 1833 bildete ein Mast auf dem Schlossdach den Abschluss des berühmten preußischen optischen Telegrafen, der über 62 Stationen Berlin mit der Rheinprovinz verband, und binnen kurzer Zeit über eine Distanz von fast 550 Kilometern mittels optischer Signale Nachrichten übermitteln konnte. Die Einführung der elektrischen Telegrafie machte die Station 1849 überflüssig.

Zwischen 1842 und 1845 passte der berühmte Koblenzer Baumeister Johann Claudius von Lassaulx die Innenräume des Schlosses dem Geschmack der Zeit an und folgte dabei Entwürfen des Architekten des Königs, Friedrich August Stüler. Denn nun nutzte das preußische Königshaus während seiner Aufenthalte im Rheinland das Gebäude als offizielle Residenz. Im Auftrag Friedrich Wilhelms IV. bekam auch der Schlossgarten ein neues Gesicht. Der geniale Gartenbaumeister Peter Joseph Lenné teilte den Park in eine herrschaftliche Anlage für das Prinzenpaar und eine für alle Koblenzer und Besucher zugängliche Promenade. Denn die Gärten repräsentierten im 19. Jahrhundert nicht mehr nur die Herrscherhäuser. Gartenanlagen schlugen

Fort Großfürst Konstantin in Koblenz aus der Vogelperspektive. Das Fort ist ein Bestandteil der ehemaligen Festung Koblenz und wurde von 1822–27 unter Leitung der preußischen Militäringenieure Gärtner und Schubarth errichtet.

Rund um das Kurfürstliche Schloss in Koblenz fanden 2010 umfangreiche Bauarbeiten für die Bundesgartenschau 2011 statt.

Lenné in neuer Pracht: Zum Blütenfest im Jahr 2011 wurden alle Gärten und Parkanlagen der Stadt saniert und neu gestaltet.

Licht- und Luftschneisen durch die Städte und schufen Inseln der Erholung für deren stark angewachsene Bevölkerung.

Nach den Zerstörungen im Zweiten Weltkrieg wurde das Schloss wieder aufgebaut, der Garten fiel jedoch bis zur Koblenzer BUGA 2011 in einen tiefen Dornröschenschlaf. Seitdem führt eine neue Achse von der Stadtmitte durch den nach den historischen Entwürfen Lennés neu gestalteten Garten zum Schloss. Eine Öffnung in der Infanteriemauer verbindet den Schlossgarten mit den Rheinanlagen.

1850 bezog der zum neuen Militärgouverneur berufene Prinz Wilhelm, der spätere Kaiser Wilhelm I., mit seiner Frau Augusta von Sachsen-Weimar-Eisenach das kurfürstliche Schloss. Besonders Augusta wird oft nachgesagt, sie habe mit ihrer unkonventionellen Art die Herzen der Rheinländer für Preußen erobert. Abseits des nüchternen preußischen Hofzeremoniells konnte sie hier das Hofleben gestalten, wie sie es aus ihrer Kindheit in Weimar gewöhnt war. Politisch galt sie als liberal und modernen Ideen gegenüber aufgeschlossen. So verstand sie die von ihr geplante Rheinpromenade auch als soziales Projekt: „Es soll dem Volke [...] geboten werden, ein Aufenthalt außerhalb der kleinen Wohnung und Gasse für Frau und Kind, des Wirtshauses für den Mann: als ‚reine Luft' in jedem Sinne, auf dass die gottgesegnete Gegend auch die Menschen zu erhöhtem und warmen Daseinsgefühle erhöbe." Für die Anlage des Gartens erwarb sie die am linksrheinischen Ufer gelegenen Grundstücke zwischen der heutigen Stresemann- und der Mozartstraße, für deren Gestaltung gewann sie wieder Peter Joseph Lenné sowie Fürst Hermann von Pückler-Muskau, Gartenkünstler, Schriftsteller, Orientreisender und eine der schillerndsten Figuren der romantischen Epoche Preußens. Die beiden Gartenbaumeister holten den englischen Landschaftsgarten nach Preußen und verwirklichten die neuen Ideen auch in Koblenz. Nicht mehr die in geometrisch angelegten Blumenrabatten und Springbrunnen gebändigte Natur des Barock beherrschte den Gartenbau, sondern ein romantisches Naturverständnis: Natürlich wirkende Teiche, sich schlängelnde Pfade, verwunschene Strauch- und Baumgruppen luden zu ausgedehnten Spaziergängen, die immer wieder neue Ausblicke auf den Park und auf die gegenüberliegende rechte Rheinseite eröffneten. Daneben erhielt der Park auch einen bildungspolitischen Auftrag: Eine der Trinkhallen beherbergte eine öffentliche Bibliothek, ein Observatorium entstand, und zahlreiche Kunstdenkmäler und Plastiken schmückten die bis 1861 vollendete Anlage. Nach der Reichsgründung änderte sich das Skulpturenprogramm. Die nun aufgestellten Denkmäler standen im Zeichen des neu erwachenden Nationalgefühls. Neben die kleinen, die bürgerlichen Tugenden feiernden Plastiken traten monumentale Statuen, die der geeinten Nation huldigten.

Augustas Engagement ging weit über ihren Tod 1890 hinaus. In ihrem Testament bedachte sie die Stadt mit einem bedeutenden Geldbetrag, der für Ausbau und Pflege des Parks vorgesehen war. Auf diese Weise sicherte sie den Erhalt der Anlage, und so konnte ab 1902 die Promenade schließlich nach Norden bis zum Deutschen Eck erweitert werden.

Die preußische Bautätigkeit setzte neue Akzente in Koblenz. 1901 brannte ein Verwaltungsgebäude nördlich des Schlosses ab. Unter der Leitung des Geheimen Baurats Paul Kieschke aus Berlin und des Koblenzer Bauamts entstand bis 1906 ein neues Regierungsgebäude. Kaiser Wilhelm II. (1859–1941) beteiligte sich persönlich an der Planung der Türme und Dächer. Der 158 Meter lange, neoromanische Gebäudekomplex, der sich um zwei Innenhöfe gruppiert, prägt bis heute das Bild der Koblenzer Rheinfront. Mit dem wuchtigen Mittelpavillon, den großen Ecktürmen und den mit Tuffstein verkleideten Fassaden wirkt das viergeschossige Gebäude wie ein Kastell der Stauferzeit, das mit monumentalen Treppenanlagen, Gewölbehallen und Steinmetzarbeiten im Inneren die Assoziation an die großen Zeiten des deutschen Mittelalters weiterspinnt.

Prinz Wilhelm von Preußen und seine Gemahlin auf einer Lithografie von 1857. Das Prinzenpaar genoss die Zeit in den Rheinlanden. Vor allem Prinzessin Augusta war bei der Bevölkerung äußerst beliebt.

Blick auf einen Eckturm des ehemaligen preußischen Regierungsgebäudes, das Sitz der preußischen Regierung für den Regierungsbezirk Koblenz der Rheinprovinz und des Hauptsteueramtes war. Im Hauptbau ist heute das Bundesamt für Wehrtechnik und Beschaffung (BWB) untergebracht.

Blick auf die katholische Pfarrkirche Herz Jesu, die im Rahmen der südlichen Stadterweiterung von 1900 bis 1903 errichtet wurde. Sie gehört zu den bedeutendsten neuromanischen Sakralbauten in Deutschland.

Für das 1907 begonnene neue Oberpräsidium für die Rheinprovinz nahmen die Bauherren die barocken Formen des Koblenzer Schlosses auf, sodass das schlossartige Gebäude gegenüber der nördlichen Schlossrotunde an die glanzvolle kurfürstliche Vergangenheit der Stadt erinnert.

Auch für den Bau neuer Kirchen spielten die historisierenden Baustile eine wichtige Rolle. Die Bevölkerung der Stadt wuchs im 19. Jahrhundert kräftig, und die Menschen benötigten nicht nur Wohnungen und Regierungsgebäude, sondern auch Gotteshäuser. Inmitten der neu angelegten südlichen Vorstadt entstand von 1894 bis 1897 die stattliche neugotische Basilika St. Josef. Für den Bau der Herz-Jesu-Kirche, die wie ein architektonisches Bindeglied den historischen Innenstadtkern mit der südlichen Vorstadt zusammenfügt, nahm der spätere Mainzer Dombaumeister Ludwig Becker den neoromanischen Stil auf. Die Kirche wurde zwischen 1900 und 1903 als einer der bedeutendsten neuromanischen Sakralbauten Deutschlands erbaut. Wie eine wuchtige Trutzburg aus Tuffstein überwacht das Gotteshaus mit seinen beiden Türmen die Innenstadt und bezieht doch die moderne südliche Vorstadt in das an das Mittelalter gemahnende preußische Bauprogramm mit ein. Auch der dritte Kirchenneubau der Stadterweiterung, die 1904 vollendete evangelische Christuskirche, wies einen malerisch komponierten Außenbau aus Tuff und gelbem Sandstein auf. Die mit dem Wiederaufbau vorgenommenen Veränderungen nach dem Zweiten Weltkrieg lassen ihre einstige neoromanische Pracht leider nur noch erahnen.

Bonn

Gleich nach der Herrschaftsübernahme im Rheinland hatte Friedrich Wilhelm III. noch von Wien aus am 5. April 1815 den Rheinländern „den aus Landesväterlicher Fürsorge für ihr Bestes gefaßten Entschluß, in Unsern Rheinlanden eine Universität zu errichten“ mitgeteilt. Durch derartige Maßnahmen sollte die Unterstützung der Rheinländer für die preußische Herrschaft gewonnen werden. Das 19. Jahrhundert war in Preußen vor allem auch eine Zeit der Reformer und Aufklärer. Staat und Verwaltung waren unter Freiherr vom Stein als Reaktion auf die Niederlage gegen Napoleon 1806 modernisiert worden. Wilhelm von Humboldt nahm sich seit jenen Jahren der Reform des Bildungswesens an. Im Kern sollte Bildung nicht mehr zu einer bestimmten technischen oder beruflichen Ausbildung führen, sondern die Fähigkeit zum eigenständigen Denken vermitteln. „Sapere aude! Wage zu denken“ hieß der Wahlspruch und vor allem den Universitäten kam eine zentrale Rolle bei der Umsetzung dieses Programms zu. So wurde 1818 die neue, konfessionell paritätische Hochschule, an der von Anfang an gleichberechtigt eine katholische und eine evangelische theologische Fakultät beheimatet sein sollten, in Bonn gegründet. Die Bonner Universität trat die Nachfolge der kurkölnischen Akademie Bonn an, die bis zum Jahr ihrer Auflösung 1798 von der Aufklärung geprägt gewesen war und damit gut zu den preußischen Bildungsidealen passte. Räumlich nutzte die Universität sowohl das ehemalige Kurfürstliche Schloss als auch das nahegelegene Schloss Poppelsdorf. Beide Herrschaftssitze boten genügend Raum für den Lehr- und Forschungsbetrieb. In Poppelsdorf siedelten sich die naturwissenschaftlichen und medizinischen Institute an, darunter 1864/67 das damals größte Chemische Institut der Welt. Der Poppelsdorfer Schlosspark diente der Wissenschaft als botanischer Garten und mauserte sich bis zur Jahrhundertwende zu einem der bedeutendsten wissenschaftlichen Gärten des preußischen Staates. Um der neuen Universität Glanz zu verleihen, wurden berühmte Wissenschaftler wie August Wilhelm von Schlegel, Ernst Moritz Arndt, Barthold Georg Niebuhr oder Friedrich Argelander nach Bonn berufen. Bis zum Amtsantritt Friedrich Wilhelms IV. 1840 litt die neue Universität

Friedrich Wilhelm III. warb um die Unterstützung der Rheinländer für die preußische Herrschaft. Der König von Preußen auf einem Gemälde von 1817.

allerdings unter Karlsbader Beschlüssen und Demagogenverfolgung. Viele Wissenschaftler kamen erst gar nicht, andere mussten schon kurz nach Amtsantritt ihre Lehrveranstaltungen wieder einstellen. Trotz der politischen Einengung studierten in Bonn auch oppositionelle Köpfe wie Heinrich Heine, Karl Marx oder der demokratische Revolutionär und spätere amerikanische Innenminister Carl Schurz. Auch der königliche Nachwuchs erhielt seine akademische Ausbildung in Bonn. Neben den Preußen-Prinzen studierten hier die Söhne der regierenden Häuser Deutschlands. Als Bonn 1885 einen neuen prachtvollen Bahnhof im Stil der Neo-Renaissance erhielt, bekamen die königlichen Studenten einen eigenen Fürsteneingang, sodass sie ungestört reisen konnten.

Unter dem Dach der Universität plante man eine eigene Antikensammlung für das Studium der Klassischen Archäologie. Die Sammlung bildete den Grundstock für Bonns ältestes Museum, das Akademische Kunstmuseum. Es ist inzwischen in einem ehemaligen Gebäude des Anatomischen Instituts der Universität untergebracht, das maßgeblich von Karl Friedrich Schinkel im klassizistischen Stil gestaltet wurde und Formen der berühmten Rotonda des italienischen Renaissance-

Blick auf die Rheinische Friedrich-Wilhelms-Universität in Bonn, die heute mit rund 27.000 Studierenden eine der großen ihrer Art in Deutschland mit weltweit anerkannter Spitzenforschung ist.

Am 12. August 1845 wurde das Beethovendenkmal feierlich im Beisein König Friedrich Wilhelms IV. und der englischen Königin Victoria enthüllt.

Das Beethovendenkmal auf dem Münsterplatz in Bonn. Überall in der Rheinmetropole wird dem musikalischen Wegbereiter der Romantik gedacht.

Architekten Palladio aufnahm. Mit dem 1860 an der Universität Bonn eingerichteten ersten deutschen Lehrstuhl für Kunstgeschichte verschafften die Preußen ihrer Begeisterung für alte Bauformen sowie den Anfängen des staatlichen Denkmalschutzes eine wissenschaftliche Grundlage.

Auch jenseits des universitären Lebens spielten in preußischer Zeit Kunst und Kultur in Bonn eine wichtige Rolle. Zu Beethovens 75. Geburtstag im August 1845 wohnten König Friedrich Wilhelm IV. und die englische Königin Victoria (1819–1901) der feierlichen Enthüllung eines Bronzestandbildes für den 1827 verstorbenen Künstler bei. Schon 1835 hatte sich ein Verein zur Finanzierung dieses Denkmals für den Wegbereiter der musikalischen Romantik gebildet. Ernst Hähnel, ein Mitarbeiter von Gottfried Semper in Dresden, gestaltete eine idealisierte Statue nach dem Vorbild der Lebendmaske des Komponisten. Mit nach oben gewandtem Blick empfängt Beethoven die göttliche Inspiration, um mit dem Griffel in der Hand den genialen Gedanken sogleich im Notenbuch festzuhalten. Die Figur verkörpert den romantischen Genius, dessen Kunst der Leidenschaft einer gequälten Seele entspringt.

Blick auf den Kölner Dom mit Hohenzollernbrücke. Die preußische Bautätigkeit hat nachhaltig das einzigartige Stadtbild bestimmt.

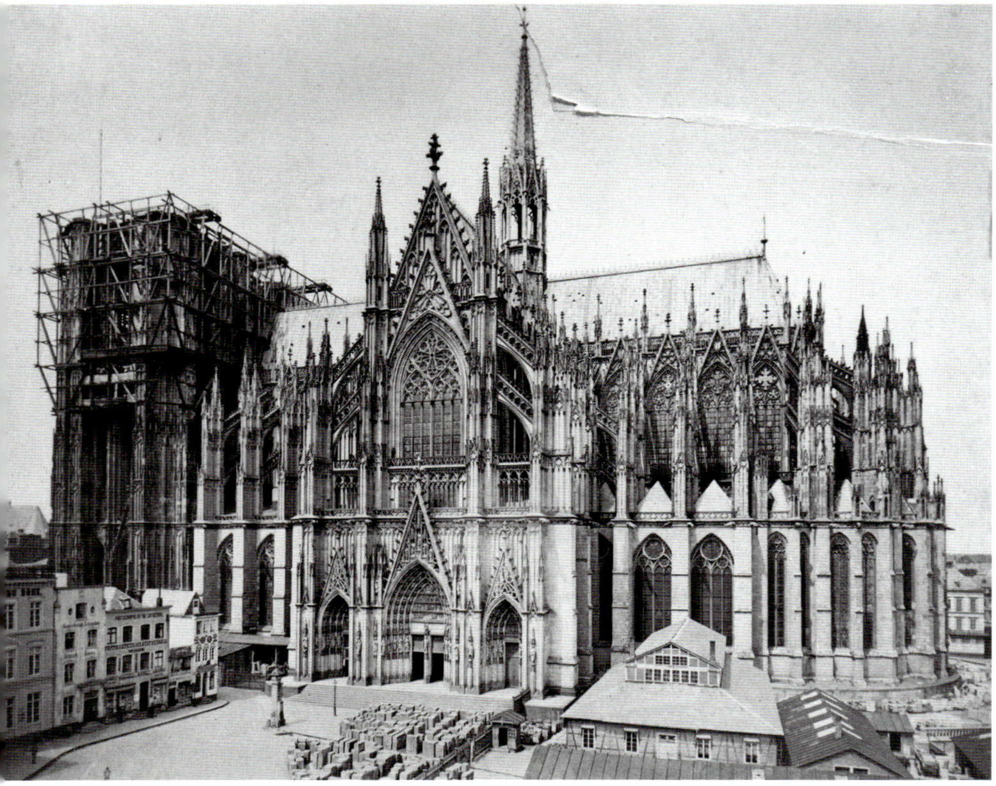

Ansicht des Kölner Doms während der Bauarbeiten um 1862/63.

Köln

Der Kölner Dom markiert nicht nur den geographischen Endpunkt des Mittelrheintals im Norden, sondern auch den Höhepunkt preußisch-romantischer Baulust am Rhein. Schon im 16. Jahrhundert war der mittelalterliche Baustil der Gotik ein wenig aus der Mode geraten, obendrein wurde in Köln das Geld knapp und niemand interessierte sich mehr so recht für die Vollendung des gigantischen Baus. So blieb der Dom fast 300 Jahre lang eine Bauruine. 1794 zogen die französischen Revolutionstruppen in Köln ein. Erzbischof und Domkapitel flohen, der Dom diente profanen Zwecken wie zum Beispiel als Lagerhalle, bis er 1801 wieder zum Gotteshaus geweiht wurde. In den Jahren der französischen Herrschaft gewann das Bauwerk jedoch an Bedeutung als Sinnbild der deutschen

Geschichte: „In seiner trümmerhaften Unvollendung, in seiner Verlassenheit, ist er ein Bild gewesen von Teutschland seit der Sprach- und Gedankenverwirrung", wie Görres es 1814 ausdrückte, „so werde er denn auch ein Symbol des neuen Reiches, das wir bauen wollen". Die Gotik erschien den Romantikern als sinnfällige Verkörperung des Mittelalters und schönste Ausdrucksform nationaldeutschen Geistes. Gemeinsam mit anderen warb der Kölner Kaufmann Sulpiz Boisserée für den Weiterbau der Kathedrale. 1814 führte er Friedrich Wilhelm durch das Steinlaubwerk des Chorumgangs und fand in ihm einen prominenten Unterstützer: „Ich war entzückt, ganz hin", wie der Kronprinz bekannte.

1841 übernahm Friedrich Wilhelm IV. die Schirmherrschaft über den zentralen Dombauverein auch deshalb, weil die Herrschaftsübernahme der Preußen mit einer harschen Auseinandersetzung mit den rheinischen Katholiken einhergegangen war. Im darauffolgenden Jahr kam es zur offiziellen Aussöhnung zwischen Kirche und Staat. Gemeinsam mit dem Koadjutor des verbannten Erzbischofs Johannes von Geissel legte der preußische König in einer feierlichen Zeremonie den Grundstein für den Weiterbau des Kölner Doms. Beträchtliche Summen für die Bauarbeiten steuerte die preußische Staatskasse bei. Eine intensive und effektive Bautätigkeit begann, die in den Formen genau den mittelalterlichen Plänen folgte, sich gleichzeitig jedoch modernster Technik bediente: Der Dachstuhl entstand aus einer neuzeitlichen Konstruktion aus filigranen Eisenbändern. Ein eiserner Dachreiter ersetzte die ursprünglich aus Stein geplante Konstruktion, denn die Vierungspfeiler hätten einen steinernen Reiter nicht getragen. So sorgten moderne Verfahren für die Vollendung der Kathedrale. Die Arbeiten leiteten die beiden Dombaumeister Ernst Friedrich Zwirner und Karl Eduard Richard Voigtel. Zwirner konnte vor allem an der Fassade des Querhauses, für das es keine Vorlage gab, eigene neugotische Vorstellungen verwirklichen.

Mit der Kreuzrose auf dem Nordturm wurde der Dombau nach nur 38-jähriger Bautätigkeit 1880 im Beisein des Kaisers abgeschlossen. Mit einem Fest und einem Umzug feierte man zwei Tage lang die Fertigstellung der Kathedrale, die auch zum

Das kaiserliche Festzelt bei der Feier zur Domvollendung am 15. Oktober 1880: Kaiser Wilhelm I. beim Verlesen der Vollendungsurkunde.

Symbol für die geeinte Nation geworden war. Die Fertigstellung fiel mitten in den Kulturkampf, der zwischen Kirche und Staat um das Recht der Berufung in geistliche Ämter ausgefochten wurde. Der neue Kölner Erzbischof Paulus Melchers befand sich bei der feierlichen Domeinweihung im Exil, viele Bürger blieben dem kaiserlichen Empfang fern und die feierliche Eröffnungsmesse mit dem Kaiser wurde nicht im Dom, sondern in der benachbarten protestantischen Trinitatis-Kirche abgehalten. Die großen konfessionellen Gegensätze konnte auch der vollendete Kölner Dom nicht überbrücken und doch blieb der Bau

Jeckes Treiben seit Jahrhunderten, der Kölner Karneval: Sammelplatz des Festzuges auf dem Neumarkt, Holzstich von 1870.

Das von 1907 bis 1911 erbaute Justizgebäude am Reichenspergerplatz. Es war seinerzeit das größte Gerichtsgebäude in Deutschland.

Symbol für die deutsche Nation. Zunächst jedoch, wie soll es in der Domstadt auch anders sein, erhielt der Kölner Karneval durch den Geist der Romantik neue Impulse. In den 1820er-Jahren erblickte die romantische Gestalt „Held Karneval" das Licht der Welt. Der Rosenmontagszug ließ Figuren der alten Reichsstadt aus den großen Zeiten Kölns wieder auferstehen: hillige (heilige) Mägde und Knechte und die Funken, die bis zum heutigen Tage die wichtigste Gruppe des Zuges geblieben sind. Die romantisierte Vergangenheit wurde zur Grundlage für das jecke Treiben der Gegenwart.

Bis 1863 wurde Köln, die bevölkerungsreichste Stadt der rheinischen Provinzen, mit einem Festungsring umgeben. Die Anlagen galten damals als die modernsten in Europa. Doch die Entwicklung von Belagerungsgeschützen mit immer größeren Reichweiten zwang schon bald zur Modernisierung. Bis 1880 entstand ein zweiter, der Stadt weit vorgelagerter Festungsring. Nur wenig später sprengte man die mittelalterlichen Stadtmauern und die Stadt wuchs bis zum ersten Festungsring. Die davorgelegenen ehemaligen Schussfelder blieben unbebaut und bilden heute noch mit Grüngürtel und Stadtwald die grünen Lungen der Domstadt.

Seit 1819 war die Stadt Köln Sitz des rheinischen Appellationsgerichtshofes. Zunächst tagte das Gericht in einem vom Stadtbaurat Johann Peter Weyer geschaffenen Gebäude, das jedoch schon bald zu klein wurde. So entstand zwischen 1884 bis 1893 am Appellhofplatz nach Plänen des Regierungsbaumeisters Paul Thoemer ein im Stile norddeutscher Renaissance errichteter Neubau. Der auch in technischer Hinsicht ausgesprochen modern ausgestattete Bau mit eigenen Besuchereingängen, einem besonderen Treppensystem für die Vorführung der Strafgefangenen und einem als Wandelhalle gestalteten großen Foyer wurde zum Vorbild für zahlreiche Gerichtsgebäude in Deutschland. Auch das neue Gebäude erwies sich schon bald als zu klein. Anfang des 20. Jahrhunderts errichtete die preußische Verwaltung am Reichenspergerplatz einen neobarocken Justizpalast. Kaiser Wilhelm II. selbst soll die Entwürfe des Geheimen Oberbaurats Paul Thoemer um einen Turm ergänzt haben, der allerdings im Zweiten Weltkrieg dem Bombenhagel zum Opfer fiel.

Gustav Blaeser schuf für den Kölner Heumarkt ein Reiterstandbild Friedrich Wilhelms III. „Die dankbaren Rheinlande“, wie es auf dem Sockel heißt, widmeten den oberen Teil des Sockels wichtigen preußischen Heerführern und Staatsmännern. Die darunter angebrachten Reliefplatten feierten Vertreter der Kunst und des Handels, die Initiatoren des Dombaus und Kölner Industrielle, bedeutende deutsche Wissenschaftler, Philosophen, Musiker und Dichter. So verherrlichte das Denkmal, das die Rheinprovinz bereits 1862 in Auftrag gegeben hatte, trotz der Schwierigkeiten, die die Kölner mit den Preußen immer wieder hatten, die Eingliederung der Rheinlande in den preußischen und deutschen Staatsverband.

Das Reiterdenkmal zu Ehren Friedrich Wilhelms III. versinnbildlicht die Eingliederung der Rheinlande in den deutschen Staatsverband. „Cöln am Rhein“ – Bildpostkarte des Denkmals auf dem Heumarkt von 1908.

Schloss Jägerhof in Düsseldorf: In ihm ist heute das Goethe-Museum der Anton- und Katharina-Kippenberg-Stiftung untergebracht.

Düsseldorf

Das Wiederaufleben des gesellschaftlichen Lebens in Düsseldorf war eng mit Prinz Friedrich von Preußen (1794–1863), einem Cousin des Kronprinzen Friedrich Wilhelm verbunden. Mit nur 26 Jahren wurde der Prinz 1821 zum Kommandeur der 14. Division in Düsseldorf ernannt. Mit seinem Amtsantritt vergrößerte man die Garnison, neue Kasernen entstanden, die Versorgung der Soldaten belebte Handwerk und Landwirtschaft im Umland. Prinz Friedrich gewann die Düsseldorfer Bevölkerung durch seine freundliche Art. Wie sein Cousin empfand der Prinz eine tiefe Verbundenheit zum deutschen Mittelalter und den rheinischen Burgen. Als Besitzer der Burg Rheinstein war er einer der Ersten, die sich um den Wiederaufbau der mittelalterlichen Kulturdenkmäler kümmerten. In Düsseldorf nahm der Prinz seine Residenz im Schloss Jägerhof. Schloss Benrath mit seinen beachtlichen Gartenanlagen – einem französischen Park aus der Zeit des Rokoko und einem englischen Park, der während der preußischen Herrschaft angelegt und unter anderem von Maximilian Friedrich Weyhe, einem Cousin Lennés, vervollkommnet wurde, – diente dem Fürs-

Prinz Friedrich von Preußen, Sohn des Prinzen Ludwig Friedrich Karl und der Prinzessin Friederike von Mecklenburg-Strelitz, war General der Kavallerie zu Düsseldorf, hier auf einem Gemälde um 1816.

ten als Sommerresidenz. Schloss Jägerhof war bald schon Mittelpunkt des gesellschaftlichen und kulturellen Lebens der Stadt. Sogar Karnevalsbälle organisierte der Preußenprinz, auf denen sich nicht nur der Komponist Felix Mendelssohn-Bartholdy königlich amüsiert haben soll. Der Prinz und seine Frau Wilhelmine Luise, Prinzessin von Anhalt-Bernburg (1799–1882), interessierten sich für Kunst und Kultur, sie versammelten die Künstler der Stadt um sich und unterstützten die neu gegründeten Kunst-, Musik- und Theatervereine. Als Mäzen der wieder begründeten Düsseldorfer Malerakademie, die sich der Porträt- und Landschaftsmalerei mit einem Schwerpunkt der romantischen Rheindarstellungen verschrieben hatte, verlieh der Prinz dem kulturellen Leben der Stadt entscheidende Impulse. So fanden die Düsseldorfer Maler bald ihre Kunden in den höchsten Kreisen.

Doch das Fürstenpaar kümmerte sich auch um soziale Belange, wie die Gründung von Armen- und Mädchenschulen oder die Leitung des „Vereins zur Beförderung von Arbeitsamkeit, Sparsamkeit, Wohlstand und Sittlichkeit unter der arbeitenden Bevölkerung".

Ein Zwischenfall im Zuge der Revolution von 1848 beendete den glücklichen Aufenthalt Prinz Friedrichs in seinem geliebten Düsseldorf. Nach dem Dombaufest in Köln, bei der der Grundsteinlegung 1248 gedacht worden war, wollte König Friedrich Wilhelm IV. seinen Cousin in Schloss Jägerhof besuchen. Auf seinem Weg über die Kastanienallee bewarf eine aufgebrachte Menschenmenge den König mit Pferdeäpfeln, eine Respektlosigkeit, wie man sie noch nicht einmal aus dem revolutionären Berlin kannte. Prinz Friedrich nahm die Beleidigung seines Cousins und Freundes persönlich. Demonstrativ zog er sich vor die Tore der Stadt, nach Schloss Eller, zurück. Selbst die Entschuldigung durch den Magistrat und die Umbenennung der Kastanienallee in Königsallee konnten ihn nicht versöhnlich stimmen. Der Prinz verließ Düsseldorf endgültig und residierte fortan in Berlin oder auf Burg Rheinstein. Als er 1856, anlässlich eines Musikfestes, Düsseldorf erneut besuchte, verlieh der Magistrat „dem erhabenen Gönner und edlen Beschützer der Stadt" als Erstem überhaupt die Ehrenbürgerschaft. Der Paradeplatz erhielt ihm zu Ehren den Namen Friedrichsplatz. Auch wenn er nicht mehr nach Düsseldorf zurückkehrte, seinen Aufenthalt in der Stadt am Rhein behielt er in schönster Erinnerung und auch die Düsseldorfer vermissten ihren königlichen Wohltäter.

Die Sommerresidenz des Preußenprinzen: Schloss Benrath bei Düsseldorf mit seinen einzigartigen Gartenanlagen.

Gebaute Moderne: Industrie und Fortschritt in den preußischen Rheinlanden

Erste Dampfschiffe bestimmen das Bild: eine Stadtansicht von Düsseldorf um 1850 nach einer Zeichnung von Ludwig Rohbock.

Am 12. Juni des Jahres 1816 bot sich den Kölnern ein aufsehenerregendes Schauspiel. Das erste Dampfschiff passierte auf seiner Reise von London nach Frankfurt die Domstadt und sorgte für einen Volksauflauf. Nur vier Tage hatte die Reise von Rotterdam rheinaufwärts gedauert, eine unerhört kurze Zeit, denn die auf dem Rhein bis dahin gebräuchlichen Treidler, die mit Hilfe von Zugpferden rheinaufwärts gezogen wurden, benötigten für dieselbe Strecke mindestens 14 Tage und mehrere Pferde. Bis sich die Dampfschifffahrt auf dem Rhein durchsetzen konnte, sollte es zwar noch einige Zeit dauern. Natürlich ging das nicht ohne den Widerstand der alteingesessenen Treidler und Schiffer vonstatten, doch ein Anfang war zumindest gemacht. Die Kölner Handelskammer plante die Gründung einer Preußisch-Rheinischen Dampfschifffahrtsgesellschaft und fand in König Friedrich Wilhelm III. einen prominenten Fürsprecher. Auf Einladung der Kammer befuhr

der König 1825 auf einem Dampfschiff von Koblenz aus den Rhein. Die im Jahr darauf gegründete Dampfschifffahrtsgesellschaft benannte eines ihrer ersten Schiffe dem König zu Ehren „Friedrich Wilhelm". Vor allem der Personenverkehr nahm in der Folge einen rasanten Aufschwung. Ende des Jahrzehnts beförderte die Gesellschaft schon über 300.000 Reisende jährlich, Mitte des Jahrhunderts um eine Million. Nur wenige Jahre später wuchs auch der Güterverkehr. Die Mainzer Rheinschifffahrtsakte von 1831 gab den Verkehr auf dem Rhein für alle Anliegerstaaten frei. Das Mannheimer Folgeabkommen von 1868 gewährte allen Nationen das Recht, den Rhein gebührenfrei zu befahren. Der Fluss trennte die europäischen Völker nicht mehr, er verband sie. Für die freie Rheinschifffahrt verbesserten die Behörden schließlich auch die Wasserwege. Das Ufer wurde befestigt und vermessen, der Rhein begradigt und zu einer modernen Wasserstraße ausgebaut.

Die Verkehrsrevolution des 19. Jahrhunderts beschränkte sich nicht auf die Schifffahrtswege. Seit 1835 die erste Eisenbahnverbindung zwischen Nürnberg und Fürth feierlich eröffnet worden war, wuchs in Preußen und den Staaten des deutschen Bundes bzw. seit 1871 im Deutschen Reich auch das Schienennetz rasend schnell. Schon 1843 gab es einen durchgehenden Schienenverkehr von Köln bis Antwerpen. Ein Jahr darauf verkehrte ein Zug zwischen Köln und Bonn und wieder ein Jahr später konnten die Kölner auch den Zug nach Düsseldorf nehmen. 1853 erteilte eine „Allerhöchste Cabinets Ordre" des preußischen Königs die Genehmigung, die Köln-Bonner-Eisenbahnlinie nach Rolandseck fortzuführen, nur sechs Jahre später fuhr die Eisenbahn linksrheinisch weiter bis Mainz. Der Bahnhof Rolandseck sollte, so die Order, möglichst nah am Wasser liegen, um das Umsteigen auf ein Dampfschiff zu erleichtern. Bis 1856 entstand mit dem Bahnhofsgebäude ein klassizistisches Juwel und Kulturdenkmal des frühen deutschen Eisenbahnbaus. Jahr für Jahr trafen sich hier prominente Zeitgenossen: gekrönte Häupter wie Königin Victoria von Großbritannien oder Kaiser Wilhelm II. und Politiker wie Otto von Bismarck. Dichter und Denker kehrten hier ein, und Musiker wie Johannes Brahms, Clara Schumann und Franz Liszt gaben im großzügigen und reich ausgestatteten Bahnhofssaal Konzerte. Der irische Satiriker George Bernhard Shaw schrieb über den Bahnhof und der französische Lyriker Guillaume Apollinaire verfasste hier einen Teil seiner frühen Gedichte. Eine private Initiative rettete den Bahnhof nach dem Zweiten Weltkrieg vor dem Verfall und schrieb seine Tradition als künstlerischer Treffpunkt fort. Heute beherbergen der ehemalige Bahnhof sowie ein moderner Neubau aus dem Jahr 2007 das Hans-Arp-Museum des Landes Rheinland-Pfalz.

Der Eisenbahnbau durch das enge Rheintal war eine außerordentliche Ingenieurleistung. Durch zahlreiche Felsnasen und Berghänge mussten Tunnel gebrochen werden. Die preußischen Bauherren versahen

Die Rheinlandschaft mit Burg Rolandseck, Insel Nonnenwerth und dem Siebengebirge mit Burg Drachenfels auf einer kolorierten Fotopostkarte von 1910.

Titelseite des englischsprachigen Prospekts der Cöln-Düsseldorfer Rhein-Dampfschifffahrt von 1907 mit dem Express Saloon Steamer „Deutscher Kaiser".

Der „Künstlerbahnhof Rolandseck" heute: Nach vier Jahren Umbauzeit präsentiert sich der traditionsreiche Bahnhof 2004 in neuem Gewand. Im 19. Jahrhundert war der alte Kaiserbahnhof aus dem Jahr 1856 ein beliebter Künstlertreff. Durch das hier eingerichtete Arp-Museum wird an diese Tradition angeknüpft.

ihre technischen Meisterwerke gerne mit aufgesetzten Fassaden, die mit Zinnen und Türmchen den benachbarten mittelalterlichen oder romantischen Burgen entlehnt

Reiterstandbild Kaiser Wilhelms I. auf der Hohenzollernbrücke in Köln.

waren. Je näher die Tunnel der beiden Mittelrheintrassen dem Loreley-Felsen kamen, desto aufwendiger wurde ihre Gestaltung.

Der Ausbau der Verkehrswege erschloss den Rhein dem frühen Massentourismus und sorgte so für die Verbreitung der Rheinromantik. Auf den Spuren ihres Malers William Turner und ihres Dichters Lord Byron reisten die Engländer, die Franzosen folgten Victor Hugo und die Deutschen suchten nach den Stätten alter Mythen und romantischer Erzählungen. Dampfschiff und Eisenbahn machten die Rheinfahrt zu einem bequemen Erlebnis für jedermann, und die Reisenden benötigten Kost und Logis. Der Wohlstand der gesamten Provinz wuchs.

Doch Eisenbahnbau und Dampfschifffahrt förderten nicht nur den Tourismus. Nach anfänglich privaten Initiativen engagierte sich auch der preußische Staat immer stärker für den Eisenbahnbau. Das Transportmittel sollte für den kostengünstigen Gütertransport vom industrialisierten Rheinland in die landwirtschaftlich geprägten östlichen Gebiete Preußens und zurück sorgen sowie in die europäischen Nachbarländer. Auch die Militärstrategen entdeckten das neue Fortbewegungsmittel für ihre Planungen. Erstmals seit der Herrschaft der Römer wurden wieder feste Brücken über den Rhein geschlagen: Von 1855 bis 1859 die Dombrücke in Köln, wegen ihrer engmaschigen Eisengitterkonstruktion im Volksmund auch liebevoll „Mausefalle" genannt, sowie deren 1907 bis 1911 erbaute Nachfolgerin, die Hohenzollernbrücke – bewacht von den vier Reiterstandbildern der preußischen Könige und deutschen Kaiser. 1864 und 1878/79 entstanden die Pfaffendorfer und Horchheimer Brücke in Koblenz, zwischen 1906 und 1910 die Südbrücke in Köln mit ihren neoromanischen Brückenköpfen, die bis heute dem Eisenbahnverkehr dient. Für die Nachschublinien im Ersten Weltkrieg folgten 1916 die „Kronprinz-Wilhelm-Brücke"

Auf William Turners Spuren reisten viele Engländer durch das Rheintal: „Rolandseck, Nonnenwerth und Drachenfels“ auf einem Gemälde von 1817.

Tourismus im 19. Jahrhundert: Reisende bewundern den Blick auf das Rheintal beim Drachenfels.

Stadtansicht von Koblenz mit Pfaffendorfer Brücke und Festung Ehrenbreitstein auf einem Stahlstich um 1870. Brückenbauten waren keine reinen Zweckbauten, um einen besseren Personen- und Warenverkehr zu gewährleisten, sondern sie waren auch Ausdruck des Zeitgeschmacks und des architektonischen Selbstverständnisses.

zwischen Urmitz und Neuwied und die 1945 zerstörte Brücke von Remagen, die 1918 unter dem Namen Ludendorffbrücke eröffnet wurde. Die neuen Bahnstrecken bekamen prachtvolle neue Bahnhöfe. Der schönste und größte im Rheinland war sicherlich der Hauptbahnhof in Köln, von Georg Frentzen Ende der 1880er-Jahre im Stile der deutschen Neorenaissance entworfen, der in seiner unmittelbaren Nähe zum Dom den Glanz der Moderne in Verbindung mit dem unter dem persönlichen Einsatz des Königshauses nur wenige Jahre zuvor fertiggestellten mittelalterlichen Gotteshaus brachte.

Der von 1889 bis 1894 von Georg Frentzen erbaute Kölner Hauptbahnhof auf einer Bildpostkarte von 1910.

„Jesses, Marja, Josef! Do hirohde mer in n'ärm Famillich!", soll der Kölner Bankier Johann Abraham Anton Schaaffhausen gestöhnt haben, als er 1815 von der bevorstehenden „Hochzeit" des Rheinlandes mit Preußen erfuhr. Doch jetzt stellte sich heraus, dass die stärker als das preußische Kernland industrialisierte Rheinprovinz von der Zugehörigkeit zu Preußen profitierte. Die Unternehmen vergrößerten ihre Absatzgebiete und die einheitlichen Zoll- und Währungsregelungen erleichterten den Waren- und Zahlungsverkehr.

Zahlreiche rheinische Unternehmer erlebten während der preußischen Herrschaft und in den ersten Jahrzehnten nach der Reichsgründung einen rasanten wirtschaftlichen Aufschwung. Und so mancher stellte seinen neu gewonnenen Reichtum in extravaganter Architektur zur Schau und nutzte dabei ebenfalls romantische Elemente. Neben dem Neubau neogotischer Fabrikgebäude in den industrialisierten Städten entstanden Schlösser, die auf die mittelalterliche Formensprache zurückgriffen. Der Krefelder Zuckerfabrikant Eduard Frings ließ sich Mitte des 19. Jahrhunderts von Karl Schnitzler, dem Ingenieur-Oberst der Festung Köln, Schloss Marienfels rheinabwärts hinter Remagen erbauen. Das zinnenbewehrte Schloss mit seinen 18 Zimmern liegt märchenhaft in einem bewaldeten Park, dessen Anlage allein mehr als fünf Jahre in Anspruch genommen hat. Heute ist das Schloss der deutsche Wohnsitz von Thomas Gottschalk.

Mit Schloss Drachenburg schuf sich der Börsenmakler und Bankier Stephan von Sarter einen repräsentativen Wohnsitz mit zahlreichen mittelalterlichen Zinnen und Türmchen, den er allerdings niemals nutzte. Trotz des mittelalterlichen Gesichtes barg das Gebäude im Innern die modernste Technik des ausgehenden 19. Jahrhunderts: Gaslampen beleuchteten

Ein Märchenschloss im Zuckerbäckerstil für einen Zuckerfabrikanten: Das 1859 von Architekt Karl Schnitzler für Eduard Frings erbaute Schloss Marienfels bei Remagen am Rhein.

Das Schloss Drachenburg wurde in Rekordzeit von 1882 bis 1884 als repräsentativer Wohnsitz für Baron Stephan von Sarter gebaut, der jedoch nie darin wohnte. Seit 1986 steht Schloss Drachenburg unter Denkmalschutz und ist 1990 der NRW-Stiftung unterstellt worden. 31,5 Millionen Euro haben das Land Nordrhein-Westfalen und die NRW-Stiftung in die 16 Jahre dauernde Sanierung des Gebäudes investiert.

die Innenräume und eine zentrale Warmluftheizung sorgte für angenehme Wärme; die Wendeltreppen bestehen aus standardisierten Gusseisenteilen, der Dachstuhl aus genieteten Stahlträgern. In nur drei Jahren konnte das Schloss von drei Architekten, drei Bauleitern, 20 Fachfirmen und 20 verschiedenen Künstlern fertiggestellt werden. Nach jahrelangen Renovierungsarbeiten ist das Schloss heute wieder für die Allgemeinheit zugänglich.

Auch die Heimburg bei Niederheimbach, auch Hohneck genannt, wurde Ende des 19. Jahrhunderts von dem Industriellen Hugo Stinnes erworben. Er setzte den unter Baron von Wackerbarth begonnenen Wiederauf- und -ausbau fort. So traten die Industriellen in die Fußstapfen des Adels.

Die wohl sinnfälligste Verbindung zwischen preußischer Herrschaft, Rheinromantik und industriellem Aufschwung lässt sich an der Geschichte der Sayner Hütte beobachten. Zum 1. Juli 1815 übernahm die preußische Krone die Sayner Hütte bei Koblenz, wo seit 1770 für Kurfürst Clemens Wenzeslaus von Trier (1735–1812) Eisen erzeugt worden war. Wenige Monate zuvor war der Wiederaufbau der Feste Ehrenbreitstein beschlossen worden und so lag es nahe, die Hütte zu einer großen Gießerei auszubauen, „welche gußeiserne Geschütze, Munition und

Thomas Metz von der Generaldirektion Kulturelles Erbe Rheinland-Pfalz, die rheinland-pfälzische Ministerin für Bildung und Wissenschaft, Doris Ahnen (M.) und der Leiter des Instituts für Projektentwicklung und angewandte Bauforschung in der Denkmalpflege, Prof. Emil Hädler (r.), im Frühjahr 2007 vor der historischen Gießhalle der Sayner Hütte bei einer Besprechung für die Nutzung des Baudenkmals.

„Industriekathedrale" Sayner Hütte: neue Techniken und Materialien eröffneten auch architektonisch neue Möglichkeiten.

sonstige Bedürfnisse in Gußeisen für die Festungen in den Rheinprovinzen liefern sollte", wie es in einem amtlichen Bericht hieß. Nachdem man die Produktion der Hütte auch auf Kunstguss ausdehnte und die Anlagen um eine Tiegelgießerei ergänzte, begann um 1820 der eigentliche Ausbau zur „Musterhütte", zu einem der modernsten, innovativsten und ungewöhnlichsten Industriebauten der Zeit. Unter der Leitung des Hütten-Bau-Inspectors Carl Ludwig Althans entstand 1824 auf dem rechten Ufer des Saynbaches ein Kanonenbohrwerk mit Drehbänken und zwischen 1828 und 1830 eine neue Gießhalle mit Hochofen. Wie ein mehrschiffiger Kirchenbau wurde die neue Gießhalle als erste gusseiserne Hallenkonstruktion in Europa angelegt. Die filigranen Eisenträger konnten hohe Druckbelastungen aufnehmen und waren weniger leicht brennbar als das damals gebräuchliche Holz. Über Laufkran, Transportstraße und Schwenkkräne konnten die schweren Gussteile, aber auch Kessel mit rot glühendem, flüssigem Eisen leicht überallhin bewegt werden.

Die gusseiserne Technik schuf auch für den Wiederaufbau und die Umgestaltung der mittelalterlichen Schlösser der Umgebung neue Möglichkeiten. In der Sayner

Hütte kunstvoll gegossene Architekturelemente fanden Verwendung, als Fürst Ludwig zu Sayn-Wittgenstein-Sayn das der Hütte benachbarte Burghaus seiner Familie aus dem 14. Jahrhundert im neugotischen Stil umbauen ließ. Weingärten und Felder vor dem Schloss verwandelten sich in eine englische Parkanlage, die mit ihrem Teich und neu angelegten, den Burgberg erschließenden Laubengängen ein besonders schönes Beispiel für die romantische Gartenbaukunst abgibt.

So fand Sayn auch die Anerkennung der Hohenzollern-Herrschaften. König Friedrich Wilhelm IV. zeigte sich „völlig geblendet, hoch bewundert und ganz verzaubert" von Sayn. Sein Bruder Wilhelm hinterließ ebenso begeistert im Gästebuch: „Wirklich, es ist ein rechtes Märchenschloss!"

Als Fürst Ludwig zu Sayn-Wittgenstein-Sayn mit dem Schlossumbau begann, schenkte König Friedrich Wilhelm IV. ihm die über dem Schlossgelände gelegene Stammburg der Grafen von Sayn. Anlässlich der BUGA 2011 wurden die Stammburg, das Schloss mit seiner Gartenanlage, die Sayner Hütte sowie einige andere Kulturdenkmäler zum Kulturpark Sayn integriert und mit dem Titel „Meisterwerk der Region" ausgezeichnet.

Kultur und Natur im Einklang: Der Präsident der Arbeitsgemeinschaft Deutscher Waldbesitzerverbände, Philipp Freiherr von und zu Guttenberg, und Fürstin Gabriela zu Sayn-Wittgenstein-Sayn bei der Saisoneröffnung im Garten der Schmetterlinge in Bendorf-Sayn. Im Garten der Schmetterlinge können Besucher freifliegende exotische Schmetterlinge beobachten.

Die Erzeugungen der Sayner Hütte waren wegweisend für die Weiterentwicklung des neugotischen Baustils, der sichtbar die Gegenwart mit der Vergangenheit verband. So entstand unter der Leitung des Kölner Dombaumeisters Ernst Friedrich

Nicht nur ein „Meisterwerk der Region", ein wahres „Märchenschloss": Alexander Fürst zu Sayn-Wittgenstein-Sayn und seine Frau Gabriela vor Schloss Sayn in Bendorf-Sayn.

Hoch über dem Rhein bei Remagen thront die Apollinariskirche, einer der wichtigsten neugotischen Sakralbauten am Mittelrhein.

Zwirner auf einer Anhöhe über Remagen, dem Apollinarisberg, eine neugotische Kirche mit filigranen, gusseisernen Durchbrüchen in den Pyramidenhelmen der Türme und Balustraden, gefertigt in den Werkstätten in der Sayner Hütte. Im Inneren der Wallfahrtskirche schuf der Architekt zahlreiche freie Wandflächen, die von Vertretern der neuen religiösen Malerei gestaltet wurden. Die Künstler stammten aus dem Umkreis des Direktors der Düsseldorfer Kunstakademie Wilhelm Schadow. Das Wirken der unter der Förderung des Düsseldorfer Militärgouverneurs Friedrich von Preußen erblühten Düsseldorfer Akademie breitete sich so weit über die Stadtgrenzen hinaus aus und verband sich aufs Beste mit der Bautätigkeit am Rhein. Mit ihren reichhaltigen Innenfresken und ihren Anklängen an den gotischen Kölner Dom gilt die Apollinariskirche in Remagen als einer der wichtigsten neogotischen Sakralbauten am Mittelrhein, und der Bau verknüpft die reichhaltigen

Die Fresken der Wallfahrtskirche stammen aus den Jahren 1843 bis 1852 und umfassen 69 Einzelgemälde mit rund 580 Figuren. Hier ein Detail aus der Apollinarislegende von Andreas Müller, ein Maler der Düsseldorfer Kunstakademie: die Bischofsweihe des Heiligen Apollinaris.

Ansicht von Remagen mit dem Rhein, links der Apollinarisberg mit Apollinariskirche auf einem Photochrom um 1890.

mystischen Traditionen des Mittelalters mit der Moderne: Im Jahr 1164 hatte der Kölner Erzbischof Reinhard von Dassel auf seiner Rückreise von Italien nicht nur die Gebeine der Heiligen Drei Könige im Gepäck, sondern auch den Schädel des Heiligen Apollinaris. Sein Schiff stoppte von selbst vor der Erhebung am Rheinufer im heutigen Remagen. Dassel ließ den Schädel dort, eine kleine Kirche wurde errichtet und bald zum Ziel einer Wallfahrt zu den Heiligen Reliquien. Der Ort verfiel während der Franzosenherrschaft und kam 1838 in den Besitz von Graf Franz Egon von Fürstenberg-Stammheim, der auf der Anhöhe eine ganz neue Wallfahrtskirche errichten ließ. Der Nachkomme zahlreicher katholischer Bischöfe des ehemaligen Reiches wünschte zum einen die Wallfahrt zu dem Heiligen Schädel neu zu beleben, zum anderen aber stand er allen künstlerischen und architektonischen Neuerungen aufgeschlossen gegenüber, sodass die Apollinariskirche auch als wegweisend für die Verbindung alter Stilelemente mit modernen Techniken gelten kann und prägend für eine gesamte Stilepoche ist.

Der romantische Rhein: Vom Binger Loch bis Koblenz

Mit rund 40 Burgen, Schlössern und Festungen auf 65 Kilometern verfügt das 2002 von der UNESCO zum Weltkulturerbe ernannte Obere Mittelrheintal über die weltweit größte Burgendichte. Hier trafen einst die Interessensgebiete der vier wichtigsten Kurfürsten des Reiches, der Erzbischöfe von Köln, Mainz und Trier und der Pfalzgrafen bei Rhein, aufeinander, die durch den Neubau oder die Übernahme von bestehenden Burgen ihre Besitztümer sicherten. Auch andere mächtige Adelsgeschlechter wie die Grafen von Katzenelnbogen betrieben im Rheintal eine konsequente Burgenpolitik, um ihre Herrschaftsbereiche abzurunden und ihre Machtpositionen nach außen hin zu symbolisieren. Wichtiger Impuls für den Burgenbau war zudem seit dem 12. Jahrhundert die lukrative Zollerhebung im Rheintal, die durch den Zerfall der königlichen Zentralgewalt auch den Landesherren offenstand. Viele legten am Rhein regelrechte Festungssperren an, um ihre Zollstellen zu schützen. Im Dreißigjährigen Krieg (1618–1648) ging der Einfall spanischer, schwedischer, kaiserlicher und französischer Truppen mit erheblichen Beschädigungen der meisten Burgen einher. Viele von ihnen wurden im pfälzischen Erbfolgekrieg (1688–1697), als der französische Sonnenkönig Ludwig XIV. seinen Einfluss auf weite Teile des Heiligen Römischen Reiches auszudehnen suchte, endgültig zerstört. Ludwig XIV. ließ vor allem im linksrheinischen Gebiet die Burgen planmäßig sprengen oder niederbrennen, um sie für den Gegner unbrauchbar zu machen. Anschließend dienten sie der Bevölkerung als Steinbruch.

Das „Binger Loch“: ein Frachtschiff auf dem Rhein zwischen Burg Ehrenfels und dem Mäuseturm (r). Die Region Rheinhessen ist ein einmaliges Touristenziel.

Die zahlreichen Ruinen, aber auch die mit den alten und verfallenen Gemäuern verbundenen Sagen faszinierten die Reisenden, die angeregt durch die Schwärmereien bekannter Maler, Dichter und Denker wie Friedrich Schlegel, Clemens Brentano oder Victor Hugo seit Beginn des 19. Jahrhunderts immer zahlreicher das Rheintal besuchten. Waren noch im 18. Jahrhundert die genau strukturierten Barockgärten das Maß aller Naturschönheit gewesen, wurden in der Romantik – nicht zuletzt durch die

negativen Begleiterscheinungen der Industrialisierung – raue, ungezähmte Landschaften zum ästhetischen Ideal. Der Philosoph und Schriftsteller Friedrich Schlegel betonte 1802: „Für mich sind nur die Gegenden schön, welche man gewöhnlich rau und wild nennt; denn nur diese sind erhaben." Beeindruckt schilderte er das Rheintal mit seinen „wilden Felsen" und „kühne[n] Burgen", in denen er „Denkmale der menschlichen Heldenzeit" sah. Die Beschäftigung mit dem Mittelalter erlebte im 19. Jahrhundert eine bislang unbekannte Intensität. Im Gegensatz zu heute bestand in der Romantik ein durchweg positives Bild des Mittelalters, das als eine Zeit intakter Natur und intensiver Spiritualität verklärt wurde. Die verlassenen Burgruinen wurden zur Folie für weitverbreitete Träumereien von edlen Rittern und ihren Widersachern, den plündernden Raubrittern. Zugleich zeug-

Das Rheintal war seit jeher Inspirationsquelle der Kunst. Blick auf das Binger Loch bei Rüdesheim, Gemälde von William Turner von 1817.

Nicht nur auf dem Wasser kann die Rheinromantik genossen werden. Auf rund 320 Kilometern verläuft der Wanderweg Rheinsteig auf der Ostseite des Flusses von Wiesbaden bis Bonn.

Besonders die am linken Rheinufer gelegenen Burgen wurden im 19. Jahrhundert als Symbol für den Triumph über Frankreich gesehen, vor allem, wenn diese von den Preußen wiederaufgebaut wurden. Festung Rheinfels bei St. Goar: 1843 kaufte die Ruine der preußische Prinz Wilhelm, nachdem sie jahrelang als Steinbruch diente.

ten sie in den Augen der Zeitgenossen von einer vergangenen Stärke und Größe, die es in einem geeinten Deutschland wieder zu entdecken galt.

Auch die Mitglieder des preußischen Königshauses ließen sich in den Bann der rheinischen Burgenromantik ziehen. 1815 unternahm der 20-jährige Kronprinz Friedrich Wilhelm IV. mit seinem Vetter und Mentor, Prinz Friedrich von Preußen, und dem jüngeren Bruder Wilhelm eine Rheinreise und begeisterte sich an der dramatischen Landschaft und den altersgrauen Ruinen. „Bei Ehrenfels, Pfalzburg und all den 1000 göttlichen Burgen und Felsen und Strömungen vorbei. Ich war matt vor Seeligkeit“, hielt er später fest. Mit erheblichem finanziellem Aufwand förderten der Kronprinz und spätere König, aber auch andere Mitglieder des preußischen Königshauses, den Erhalt und den Wiederaufbau der Burgruinen. Durch ihr Engagement entstanden eindrucksvolle Beispiele früher denkmalpflegerischer Ansätze. Mit dem Wiederaufbau der Burgen verfolgten die Preußen allerdings auch einige handfeste politische Motive. Die Verbindung des Königshauses mit den Überresten des ruhmreichen Mittelalters diente zur zusätzlichen Legitimation der preußischen Herrschaft über das Mittelrheintal. Die vor allem auf dem ehemals französisch besetzten linken Rheinufer wiedererrichteten Burgen waren zudem ein Symbol für den Triumph über Frankreich. „Zerstört von Franzosen, aufgebaut durch das preußische Königshaus“, hieß es allenthalben.

Die meisten wiedererrichteten Wehranlagen hatten jedoch nur noch wenig Ähnlichkeit mit dem mittelalterlichen Original. Man baute, wie man sich das Mittelalter vorstellte bzw. vorstellen wollte: Mit flachen Dächern, umlaufenden Zinnenkränzen und filigranen Maßwerken, die eher Elemente des englischen Tudorstils als der deutschen Burgenarchitektur waren.

Zwischen Bingen und Bacharach

Spätestens Mitte des 19. Jahrhunderts hatte sich das Mittelrheintal zu einem der ersten bedeutenden touristischen Ziele Deutschlands entwickelt. Am Beginn einer jeden Rheinreise von Bingen nach Bonn stand das berüchtigte Binger Loch mit den Burgen Ehrenfels und dem zwischen 1856 und 1858 von Friedrich Wilhelm IV. restaurierten Mäuseturm. Hier am Rheinknie drängt sich der Fluss tief in das rheinische Mittelgebirge hinein. Ein Quarzitriff ließ den Schiffen nur eine schmale Durchfahrt. Zahlreiche Felsspitzen und Stromschnellen machten das Binger Loch bis weit ins 20. Jahrhundert hinein zu einer der gefährlichsten Stellen für die Schifffahrt auf dem Rhein. Viele hier verunglückte Boote kamen, so der Volksmund, erst Kilometer weiter bei St. Goar wieder zum Vorschein. In den 1830er-Jahren unternahm die preußische Verwaltung erste Schritte, um die Fahrrinne zu verbreitern. In knapp drei Jahren entfernten Ingenieure und Arbeiter mühevoll 49 Kubikmeter Fels. Noch heute erinnert ein Denkmal an die mit der Hand vorgenommenen Sprengungen. Durch die zunehmende Größe der Rheinschiffe musste jedoch bereits in den 1860er-Jahren nachgebessert werden.

Die natürliche Dramatik des Ortes fesselte die Rheinreisenden des 19. Jahrhunderts. Fasziniert berichteten Zeitgenossen von dem „betäubenden Brausen“ der eingezwängten Wassermassen und der „am Felsenriff schauerlich schwebenden düsteren“ Ruine der Burg Ehrenfels. Auch Johann Wolfgang von Goethe (1749–1832) zeigte sich bei seiner Rheinreise 1814/15 beeindruckt von den „graulichen Gebirgsschluchten“, durch die sich der Rhein „seit ewigen Zeiten hindurcharbeitet“. Eine bekannte Rheinbeschreibung von 1837 betonte: „Das Zarte, Liebliche, was

Die „am Felsenriff schauerlich schwebende düstere“ Ruine der Burg Ehrenfels zwischen Rüdesheim und Assmannshausen am Rhein.

Eine malerische Ansicht des Rheinstromes: Der Mäuseturm bei Bingen auf einer Radierung um 1790.

von Mainz bis Bingen bezaubert, ist verschwunden; wilde Kraft, düstrer Ernst, das Gemüt bewältigende Größe ist es, die sich geltend macht, sobald der Reisende in das Felsentor hinein gefahren ist, … . [I]mmer wilder werden die Felsen des linken Ufers, immer wilder braust der Strom, den ein Felsendamm in seinem Lauf hemmen will, dessen größte Öffnung am rechten Ufer das Binger Loch bildet."

Burg Ehrenfels, Burg Klopp und der Mäuseturm

Die **Burg Ehrenfels** entstand zwischen 1208 und 1220 im Auftrag des Mainzer Erzbischofs Siegfried II. und sicherte gemeinsam mit der **Burg Klopp** am gegenüberliegenden Ufer den Mainzer Besitz nach Norden. Die Lage auf einem vorspringenden Felsrücken direkt am Scheitelpunkt der Rheinbiegung verhalf der – möglicherweise auf den Grundmauern einer Wehranlage aus dem 10. Jahrhundert errichteten – Burg zu einer beherrschenden Stellung. Sie war von drei Seiten durch natürliche Gegebenheiten vor einem Angriff geschützt, an der gefährdeten Bergseite stellte sich den Feinden eine ungewöhnlich hohe Schildmauer mit einem Durchmesser von knapp vier Metern entgegen. Die Mainzer nutzten die strategisch günstige Stelle der Burg, um hier eine einträgliche Zollstation aufzubauen, die zu einer der wichtigsten Einnahmequellen der fürstlichen Hofhaltung wurde.

Im ausgehenden 13. Jahrhundert war die

Burg häufiger Aufenthaltsort des Mainzer Erzbischofs und Kurfürsten Gerhard II. von Eppstein, der ab 1300 die Absetzung des in seinen Augen allzu mächtigen Königs Albrecht I. von Habsburg betrieb. 1301 musste sich der auch „Fuchs vom Rhein" genannte Erzbischof allerdings der militärischen Macht des Königs beugen, der mit einem Heer mit insgesamt 2.200 Streitrossen gegen Ehrenfels zog und die Stadt Bingen und Burg Klopp belagerte. Nach der Niederlage Gerhards II. verwüsteten und plünderten die königlichen Truppen die umliegenden Ortschaften, Ehrenfels kam für fünf Jahre als Pfand an König Albrecht I. Ein halbes Jahrhundert später, 1353, verpfändete das Mainzer Erzstift Burg Ehrenfels an den mächtigen Politiker, Organisator, Geldbeschaffer – und späteren Trierer Kurfürsten – Kuno von Falkenstein. Nach einer listreichen Besetzung durch Erzbischof Gerlach von Nassau – ohnehin einer der erbittertsten Konkurrenten Kunos – kam Ehrenfels 1356 wieder in den Besitz von Kurmainz.

Als Ergänzung des Mainzer Zollriegels am Binger Loch entstand bereits in der ersten Hälfte des 14. Jahrhunderts auf einer Felseninsel im Rhein ein zusätzlicher Wachturm, der sagenumwobene **Mäuseturm**. Zur Kontrolle des Flusses konnte von hier eine Kette bis zu der unterhalb von Ehrenfels gelegenen Zollstation gespannt werden. Einer bereits in der frühen Neuzeit weitverbreiteten Legende nach war der Mäuseturm jedoch nicht erst im 14., sondern bereits im 10. Jahrhundert durch Bischof Hatto II. erbaut worden, der wegen seiner Grausamkeit, Hartherzigkeit und Prunksucht beim Volk verhasst war. Während einer schweren Hungersnot verweigerte er den leidenden Menschen den Zugang zu seinen reich gefüllten Kornkammern. Als die ersten Hungertoten zu beklagen waren, versammelte sich das Volk vor dem Mainzer Bischofspalast und flehte den grausamen Kirchenfürsten um Hilfe an. Hatto II.

Der sagenumwobene Mäuseturm auf einer Felseninsel im Rhein. Im Hintergrund die Ruine Ehrenfels. Das „mittelalterliche" Aussehen des Turmes ist König Friedrich Wilhelm IV. zu verdanken.

Gerechte Strafe oder beeindruckende Legende: Bischof Hatto zu Mainz wird von den Mäusen gefressen, Kupferstich von Matthäus Merian d. Ä. (1593–1650).

jedoch sperrte die bettelnden Menschen in eine Scheune außerhalb der Stadt und ließ sie von seinen Gehilfen anzünden. Die verzweifelten Todesschreie der Männer, Frauen und Kinder drangen bis zum Bischofspalast, wo Hatto gerade bei einem fürstlichen Mahl saß. „Hört, wie die Kornmäuslein pfeifen!“, lautete sein einziger höhnischer Kommentar. Kaum waren diese Worte gesprochen, drangen aus allen Ritzen und Löchern in den Wänden unzählige Mäuse in den Palast. Voller Panik ergriff die Dienerschaft die Flucht. Verfolgt von der Mäusearmee eilte Hatto zum Pferdestall und ritt wie von Sinnen zu seinem Wachturm im Rhein, um hier im obersten Stockwerk Schutz zu suchen. Die Mäuse jedoch kletterten auf das Dach des Turmes und stürzten sich von hier auf den Bischof herab. Sein Schreien, so die Überlieferung, ging unter in dem Pfeifen der Kornmäuse.

Sowohl im Dreißigjährigen wie auch im Pfälzischen Erbfolgekrieg wurde der einst so mächtige Mainzer Zollriegel am Binger Loch durch die rivalisierenden Kriegsparteien schwer beschädigt. Von der ursprünglich 600 Quadratmeter großen Burg Ehrenfels blieben lediglich die starke Schildmauer mit den zwei hohen Ecktürmen sowie Reste des Palas (Wohnbereich) und eines Torbaus erhalten. Durch ihre herausgehobene Lage dominierte sie jedoch weiterhin die Landschaft. Der Mäuseturm war Anfang des 19. Jahrhunderts nur noch eine „Geisterburg“, so der Kommentar einer bekannten Reisebeschreibung, deren Anblick bei den Rheintouristen wohlige Schauer hervorrief. Hattos Geist, so der Volksmund, irrte in stürmischen Nächten noch immer hier herum. Viele Reiseführer verwendeten neben dem Namen „Mäuseturm“ noch

Luftbild der Burg Klopp in Bingen. Auch diese Burg erhielt ihre heutige Gestalt im Zuge der Rheinromantik des 19. Jahrhunderts.

immer die Bezeichnung „Bischof Hattos Turm“.

Die Sage faszinierte auch König Friedrich Wilhelm IV. In den 1850er-Jahren beauftragte er den Kölner Dombaumeister Ernst Friedrich Zwirner, Pläne für die Restauration und den Wiederaufbau des lange Zeit dem Verfall preisgegebenen Turms zu entwerfen. Der König beteiligte sich selbst an der Ausarbeitung der Zeichnungen. Der Turm wurde mit neugotischen Zinnen, Ecktürmchen sowie einem erhöhten Treppenturm ausgestattet, die ihm ein mittelalterliches Aussehen geben sollten. Zwirner verzichtete darüber hinaus auf eine Wiederherstellung des ursprünglichen steilen Walmdachs, das nicht den zeitgenössischen – durch die dachlosen Ruinen geprägten – Vorstellungen mittelalterlicher Burgen entsprach. Seit dem Abschluss der Arbeiten 1858 diente der Mäuseturm bis in die 1970er-Jahre hinein als Signalstation, um die Schiffer an diesem noch immer unübersehbaren Engpass vor gefahrbringenden Verkehrssituationen zu warnen.

Die Anfang des 18. Jahrhunderts von der eigenen Besatzung gesprengte Burg Klopp am linksrheinischen Ufer wurde ebenfalls seit den 1850er-Jahren wiederaufgebaut. Federführend war hier vor allem der Binger Architekt Eberhard Soherr, der für den neuen Besitzer, den Kölner Kaufmann Ludwig Maria Cron, ein mittelalterlich wirkendes Gebäudeensemble mit neogotischem Herrenhaus entwarf. Die heutige Burg entstammt fast ausnahmslos dieser Zeit, lediglich die untersten Mauerteile des Bergfriedes und ein Stück der südlichen Ringmauer gab es schon im Mittelalter. Die Burg Ehrenfels blieb dagegen weiterhin dem Verfall überlassen, bis in den 1990er-Jahren die Sicherung der Bausubstanz durch die Verwaltung der Staatlichen Schlösser und Gärten Hessen erfolgte. Über eine Stahltreppe können Besucher heute die beiden Ecktürme betreten und die Sicht auf den Rhein genießen.

„Pax aurea“ – die Allegorie des Friedens vor der Stadtansicht von Bingen mit Mündung der Nahe in den Rhein, Kupferstich von 1629.

Seit Jahrhunderten hält der Mäuseturm auf der kleinen Flussinsel nicht nur den Wirrungen der Geschichte, sondern auch den Fluten des Rheinstromes stand.

Burg Reichenstein ist eine der flächenmäßig größten Höhenburgen am Rhein. Ihre jahrhundertealte Geschichte ist reich an geheimnisumwitterten Sagen.

Die Burgen Rheinstein und Reichenstein

Wenige Kilometer nördlich vom Mäuseturm liegt hoch über dem Fluss auf einem steil abfallenden Felssporn die **Burg Rheinstein**, die zu den beeindruckendsten Beispielen der von Mitgliedern der Hohenzollernfamilie wiedererrichteten Burgen zählt. Der Mainzer Erzbischof Peter von Aspelt errichtete die ursprünglich Fatzberg, Vogtsburg oder Vautsburg genannte Wehranlage gegen 1316, um ein weiteres Ausgreifen der Pfalzgrafen bei Rhein zu verhindern, die 1290 mit der Übernahme der Burg Reichenstein einen gefährlichen Keil in dem traditionell zum Einflussbereich der Mainzer gehörenden Gebiet um Trechtingshausen schlugen. Mit dem Bau der Burg Rheinstein und der bereits um 1295 oberhalb von Niederheimbach entstandenen Heimburg konnten die Mainzer Erzbischöfe die pfalzgräfliche Burg Reichenstein sowohl vom Norden als auch vom Süden her kontrollieren.

Burg Reichenstein wurde wahrscheinlich bereits im frühen 11. Jahrhundert durch das Kloster Kornelimünster bei Aachen gegründet, das durch Schenkungen Ludwigs des Frommen über umfangreichen Landbesitz am Rhein verfügte. Einige Vögte, die die Güter im Namen der Äbte verwalteten, kümmerten sich allerdings wenig um die Anweisungen ihrer weit entfernten Lehnsherren. Vor allem Philipp von Hohenfels, der 1241 das Vogtamt übernahm, entpuppte sich als einer der berüchtigtsten Raubritter seiner Zeit. Er erhob widerrechtliche Zölle und plünderte Kaufleute und Reisende aus. Da er sich sogar an Kirchengut vergriff, wurde er vom Mainzer Erzbischof mit dem Kirchenbann

Ritterrüstungen in der Waffenkammer von Burg Reichenstein. Die Burg wurde im frühen 11. Jahrhundert zum Schutz der Ländereien des Klosters Kornelimünster bei Aachen erbaut. Unter den Burgvögten Gerhard von Rheinbod, Werner von Bolanden und Philipp von Hohenfels im 12. und 13. Jahrhundert war sie als deren Sitz Inbegriff des Raubrittertums.

Das Treppenhaus von Burg Reichenstein – Jagdtrophäen als Wandschmuck.

belegt. Als Philipp 1277 starb, ging das Vogtamt an seinen Sohn Dietrich über, der das räuberische Wirken des Vaters fortsetzte. 1282 griff jedoch König Rudolf von Habsburg ein, der wegen seines entschiedenen Vorgehens gegen die damals weitverbreitete Rechtlosigkeit zu den beliebtesten Herrscherpersönlichkeiten des Mittelalters gehörte. Rudolf belagerte das Raubritternest und sorgte dafür, dass die Bewohner Reichensteins von der Lebensmittelversorgung abgeschnitten wurden. In der Geschichtsschreibung hielt sich lange Zeit hartnäckig die Auffassung, dass der König zuvor auf Burg Rheinstein Quartier bezogen hatte, um hier sein militärisches Vorgehen gegen die Raubritter zu planen. Erst in jüngster Zeit wurde diese Annahme durch neue Forschungsergebnisse widerlegt, die zeigen, dass die gegen 1316 errichtete Burg zu diesem Zeitpunkt noch gar nicht existiert hat.

Reichenstein wurde nach der Einnahme der Burg durch Rudolfs Truppen niedergebrannt und die gefassten Raubritter an den Bäumen im Tal aufgeknüpft. Dietrich von Hohenfels selbst konnte aller Wahrscheinlichkeit nach entkommen, der Sage nach wurde jedoch auch er vor den König gezerrt und sollte gemeinsam mit seinen neun Söhnen enthauptet werden. Aufgrund seines reumütigen Auftretens versprach Rudolf dem Raubritter, die Söhne leben zu lassen, wenn es ihm gelänge, nach dem Tod ohne Kopf an ihnen vorbeizulaufen. Und tatsächlich fiel der blutige Leichnam nach der Enthauptung zum Entsetzen der Anwesenden nicht um, sondern wankte nur kurz und stakste dann auf unsicheren Beinen auf die Reihe der Söhne zu. Erst als er an allen neun vorbeigezogen war, stürzte er mit rasselndem Kettenhemd zu Boden.

Die Burg Rheinstein wurde im 14. Jahrhundert erstmals als Mainzer Besitz erwähnt.

Neben den Geschichten um die Bekämpfung der Raubritter verbindet auch die romantische Sage vom „falschen Brautwerber" die Burgen Rheinstein und Reichenstein miteinander. Auf Rheinstein, so der Volksmund, lebte einst ein hartherziger und geiziger Burgherr, dessen Tochter Gerda sich in den jungen Ritter von Reichenstein verliebte, der ihre Gefühle erwiderte. Um den Segen des Vaters für die herbeigesehnte Ehe einzuholen, schickte der Reichensteiner einen reichen, älteren Onkel als Brautwerber zur benachbarten Burg. Fasziniert von der Schönheit der jungen Frau, die er dort antraf, präsentierte sich der verschlagene Onkel selbst als zukünftiger Ehemann. Der alte Burgherr nahm den Antrag gerne an, schien der reiche Verwandte doch die bessere Partie zu sein als der mittellose Reichensteiner. Verzweifelt versuchte der junge Ritter nach dieser Nachricht seine Geliebte zu entführen, scheiterte jedoch an den strengen Burgwachen. Am Tag der Hochzeit stand er auf der Spitze seiner Burg, entschlossen, sich herabzustürzen, sobald die Kirchenglocken der unterhalb gelegenen Clemenskapelle die Vermählung der Angebeteten bekanntgeben würden. Als sich jedoch der Hochzeitszug der Kirche näherte, stach ein Schwarm Hornissen das Pferd der Braut, das daraufhin wie von Sinnen in Richtung Reichenstein davonstob. Beim Versuch, ihr zu folgen, stürzte der treulose Onkel mit seinem Pferd den Abhang hinab und blieb zerschmettert auf dem Felsen liegen. Eingeschüchtert von diesem Fingerzeig Gottes, verweigerte der alte Burgherr von Rheinstein dem Paar nicht länger seinen Segen, sodass noch am selben Tag Hochzeit gefeiert werden konnte.

1344 traten die Pfalzgrafen Burg Reichenstein an das Mainzer Erzbistum ab und beendeten so das jahrzehntelange Tauziehen um den Einfluss in der Region um Trechtingshausen und Niederheimbach. Damit entfiel auch die strategische Bedeutung der Nachbarburg Rheinstein, die jedoch für einige Jahre noch weiterhin eine wichtige Rolle als beliebter Aufenthaltsort der Mainzer Kurfürsten spielte. 1572 wurde die Burg dem Mainzer Domkustos und Kämmerer Anton von Wiltberg übergeben, dem allerdings die finanziellen Mittel zum Erhalt der Anlage fehlten. Rheinstein verfiel seitdem mehr und mehr zur Ruine. Auch das einst gefürchtete Raubritternest Reichenstein wurde seit dem 16. Jahrhundert zunehmend dem Verfall überlassen und im pfälzischen Erbfolgekrieg von französischen Truppen verwüstet. Rheinstein blieben dagegen die schlimmsten Verwüstungen erspart, da die Franzosen angesichts der offensichtlichen Baufälligkeit des Gebäudes auf eine Sprengung verzichteten. Der Wohnbau, die Schildmauer mit zwei seitlichen Türmen sowie der eindrucksvolle Wachturm Rheinsteins waren daher Anfang des 19. Jahrhunderts noch weitgehend vorhanden.

Der gute Erhaltungszustand und die angebliche Verbindung mit dem Kampf gegen das Raubrittertum machten Rheinstein zu einem der beliebtesten Rheinmotive des 19. Jahrhunderts. Kronprinz Friedrich Wilhelm IV. und sein Vetter Prinz Friedrich von Preußen erklärten die Festung 1815 sogar zur „gemeinschaftliche[n] Lieblingsburg". Fasziniert von dem Gedanken, sich durch den Besitz einer mittelalterlichen Burg ganz in die Ritterzeit „hineinzuträumen", kaufte Prinz Friedrich von Preußen 1823 die gut erhaltene Ruine für 100 Taler. Die Ausbauplanungen übernahmen der Koblenzer Architekt J. C. von Lassaulx und sein Nachfolger Wilhelm Kuhn. Daneben beeinflussten auch der Leiter der Oberbaudeputation Karl Friedrich Schinkel und Prinz Friedrich selbst die zwischen 1825 und 1829 umgesetzten Baupläne. Die klaren Vorgaben des Prinzen lauteten, die bestehende Bausubstanz mit ihren Altersspuren so wenig wie möglich anzutasten, um die mittelalterlich verfallene Atmosphäre zu bewahren. Sogar Putzreste und alte Beschädigungen und Risse am Mauerwerk sollten erhalten bleiben. Um den rauen Charakter der Burg und der umliegenden Natur zu unterstreichen, ließ Prinz Friedrich darüber hinaus den Hauptzugangsweg zur Burg romantisch mit Wasserfällen und künstlich aufgestellten efeuumrankten Felsen gestalten.

Die Innenräume des auf vier Stockwerke erhöhten Wohnturms erhielten eine wertvolle Ausstattung. Für die Gestaltung der Wände verpflichtete Prinz Friedrich den bekannten Berlin-Düsseldorfer Landschafts- und Dekorationsmaler Ludwig Pose, der in den Repräsentationsräumen und in den fürstlichen Gemächern meisterhafte illusionistische Wand- und Deckenmalereien schuf. Zahlreiche wertvolle Antiquitäten schmückten die zum Sommersitz umgestaltete Burg. Zu den beeindruckendsten Kunstgegenständen gehörte ein Lucas-Cranach-Gemälde aus dem 16. Jahrhundert und eine zur gleichen Zeit entstandene Tischplatte, die in minutiöser Feinmalerei die legendäre Schlacht Karls des Großen gegen die Hunnen zeigte. Bemalte Glasscheiben aus dem

Ein Turm der mittelalterlichen Burg Rheinstein. Seit dem 17. Jahrhundert dem allmählichen Verfall preisgegeben, kam sie 1823 in preußischen Besitz, wurde ausgebaut und war teilweise Sommersitz von Prinz Friedrich von Preußen.

Der Rittersaal, der repräsentativste Raum des Wohnturmes, dessen bemalte Glasscheiben die „mittelalterliche Atmosphäre" der Räumlichkeiten unterstreichen.

Der Blaue Salon auf Rheinstein – das Wohnzimmer der Prinzessin Luise.

15. und 16. Jahrhundert beschworen in den Räumen eine mittelalterliche Atmosphäre herauf, ebenso wie die Sammlung historischer Waffen und Rüstungen von bedeutenden Vorbesitzern wie Götz von Berlichingen und Albrecht, dem Bären.

Die Burg entwickelte sich schnell zum beliebten Aufenthaltsort des Prinzen, der ihr wegen ihrer Lage auf einem hohen Felssporn den heute gebräuchlichen Namen „Rheinstein" gab. Bei besonderen Gelegenheiten fanden hier Ritterspiele statt, wie beispielsweise das populäre Ringstechen. Die Dienerschaft musste sich kostümieren, um die Illusion vom Ritterleben zu fördern. „Wenn der Prinz da ist, gehen wir alle im Mittelalter", kommentierte ein Diener 1835 gegenüber Besuchern einen zum Lüften aushängenden Waffenrock. In den Sommermonaten hielten sich die preußischen Vettern häufig auf der Burg auf, um hier gemeinsam das romantische Burgleben zu genießen. Aber auch andere gekrönte Häupter wie Victoria, Königin von England, oder die Zarin von Russland, Alexandra Feodorowna, ließen sich auf Rheinstein vom Zauber des Mittelalters gefangennehmen. Da die Ruine lediglich ausgebaut, aber nicht erweitert worden war, bestand bis zum Bau eines gesonderten Gästehauses in den 1840er-Jahren allerdings wenig Raum für einen adeligen Hofstaat. Herzogin Dorothea von Dino belächelte die Burg 1843 daher als „wahre Nussschale, zu der man nur zu Pferde hinaufreiten kann." Viele Gäste mussten während ihres Aufenthaltes mit Feldbetten vorliebnehmen, die man in Durchgangs- oder Nebenräumen aufschlug. Diese Einschränkung wurde klaglos in Kauf genommen, um „ganz" in die Aura des Mittelalters einzutauchen.

Schon in den 1830er-Jahren konnte Rheinstein während der Abwesenheit des Prinzen von Besuchern besichtigt werden, 1832 erschien der erste Burgführer. Zeitgenössische Darstellungen lobten die besondere Atmosphäre auf der Burg, die zu einem der touristischen Höhepunkte einer jeden Rheinreise wurde: „Ganz eigentümlich wird's dem Beschauer zu Mute. Seine Phantasie schwingt die Flügel, und führt ihn über die Kluft von sechs Jahrhunderten hinüber. Es ist ihm, als müssten die Ritter da herabstürmen (...)."

Nach seinem Tod 1863 wurde Prinz Friedrich neben seiner geliebten Burg in einer Kapelle bestattet. Auch seine Frau Prinzessin Luise und sein Sohn Prinz Georg fanden hier ihre letzte Ruhestätte. Die Burg blieb bis weit ins 20. Jahrhundert hinein im Besitz der Hohenzollernfamilie. In den 1970er-Jahren versuchte die letzte Erbin, die Prinzessin Barbara von Hessen und Rhein, Herzogin von Mecklenburg, die Burg zu verkaufen. Sie wurde jedoch zunächst Opfer zweier englischer Betrüger, die weite Teile des wertvollen Inventars veräußerten, ohne jemals den Kaufpreis zu bezahlen. Viele historisch und künstlerisch bedeutende Stücke gingen damit für immer verloren. 1975 erwarb schließlich der bekannte Opernsänger Hermann Hecher, unterstützt durch das Land Rheinland-Pfalz, die Burg, um einem Kauf durch die Hare-Krishna-Bewegung zuvorzukommen. Mit Hilfe eines Fördervereins und des Landesamts für Denkmalpflege setzte Hecher die sanierungsbedürftige Burg wieder instand und öffnete sie für Besucher.

Auch die benachbarte Burg Reichenstein wurde im 19. und 20. Jahrhundert durch unterschiedliche Besitzer, darunter Baron Franz Wilhelm von Barfuß, restauriert. Ihr heutiges Erscheinungsbild verdankt sie vor allem Baron Nikolaus von Kirsch-Puricelli, der als Direktor der Rheinböller Eisenhütte damals zu den reichsten Männern Deutschlands gehörte. Nach seinen Vorstellungen wurde Reichenstein zwischen 1899 und 1902 zur neugotischen Wohnburg nach englischem Vorbild ausgebaut.

Die Burgkapelle Rheinsteins – unter der Kapelle befindet sich die Prinzengruft mit den Sarkophagen der Mitglieder der preußischen Königsfamilie.

Das Frühstückszimmer (Kartenzimmer) auf Burg Reichenstein. Von 1899–1902 wurde die zwischenzeitlich verfallene Burg in der heutigen Gestalt durch Nikolaus Kirsch-Puricelli aus Luxemburg und dessen Frau Olga, Alleinerbin der Rheinböller Hütte, ausgebaut.

Burg Sooneck, von Rudolf von Habsburg zerstört und um 1840 von Friedrich Wilhelm IV. wiederaufgebaut, auf einer Farblithographie nach einem Aquarell von Carl Philipp Christian Köhler (1827–1890).

Burg Sooneck

1834 kaufte Kronprinz Friedrich Wilhelm gemeinsam mit seinen Brüdern, den Prinzen Wilhelm, Carl und Albrecht, die nördlich von Reichenstein gelegene **Burg Sooneck**, deren Ausblick von den Zeitgenossen als einer der schönsten der gesamten Rheinregion gepriesen wurde, ein Urteil, das sich heute aufgrund des benachbarten Steinbruchs kaum mehr nachvollziehen lässt.

Das genaue Baudatum der im 11. Jahrhundert entstandenen Burg liegt im Dunkeln. Wie Reichenstein gehörte Sooneck bis ins 13. Jahrhundert hinein zum Besitz des Klosters Kornelimünster und stand somit ab 1241 unter dem Einfluss der gefürchteten Vögte Philipp und Dietrich von Hohenfels. 1282 wurde daher nicht nur Reichenstein, sondern auch Sooneck von König Rudolf von Habsburg belagert und zerstört. Um weitere Übergriffe auf die Bevölkerung durch Soonecker Ritter zu verhindern, verhängte der König ein Wiederaufbauverbot über die Burg, das mehrere Jahrzehnte lang in Kraft blieb. Erst als die Ruine 1344 Kurmainz zugesprochen und dem erzbischöflichen Marshall Johann von Waldeck als Lehen übergeben worden war, entstand auf den alten Mauern eine neue Wehranlage

Blick von Burg Sooneck bei Niederheimbach. Die Burganlage aus dem 11. Jahrhundert ist eine sogenannte Ganerbenburg – sie wurde von mehreren Familien gemeinsam bewohnt und genutzt.

mit hohem Burghaus, mächtigem Bergfried und doppelter Ringmauer. Serpentinenwege und steile Treppen erschwerten selbst innerhalb der Burg den Zugang. Nach dem Tod des erzbischöflichen Marshalls fiel Sooneck als gemeinsames Lehen an seine vier Erben. Damit wurde die Anlage zur sogenannten Ganerbenburg, einer von einer Erbengemeinschaft gemeinsam bewohnten und genutzten Festung. Aufgrund der Streitigkeiten und Rivalitäten unter den Nachkommen von Waldecks musste allerdings mehrmals ein offizieller Burgfriede geschlossen werden, um Verstöße gegen den Frieden und die Sicherheit auf der Burg unter Strafe zu stellen.

1689 versuchten die Franzosen vergeblich, das mächtige Mauerwerk zu sprengen. Die Außenwände der Burg mit Bogenfriesen, Ecktürmchen und Zinnen blieben zu weiten Teilen erhalten, lediglich Dächer und Zwischendecken fehlten.

Während einer Rheinreise 1842 verzeichneten Friedrich Wilhelm IV. und seine Brüder besorgt den „gänzlichen Verfall drohenden, schadhaften baulichen" Zustand der einige Jahre zuvor gekauften Burg. Noch an Bord des Rheinschiffes „Prinzessin von Preußen" beschlossen sie vertraglich die „Erhaltung und teilweise Wiederherstellung" Soonecks, für die „jährlich ein jeder die Summe von 300 Talern" investieren sollte. Neben dem denkmalpflegerischen Anspruch hatte diese Entscheidung auch romantische Hintergründe. Nach den Vorstellungen der vier Brüder sollte Sooneck ein einfaches Jagdschloss werden, auf dem man ohne Gattinnen und Hofstaat zusammentreffen und Jagdausflüge und ungezwungene Gespräche genießen würde. Durch ihre Vergangenheit als Ganerbenburg erschien Sooneck die ideale Burg, um sich hier ein gemeinsames Refugium jenseits des strengen Hofzeremoniells zu schaffen.

Die noch im selben Jahr durch den Koblenzer Festungsbaumeister Carl Schnitzler aufgenommenen Bauarbeiten wur-

Die Burg wurde entgegen der ursprünglichen Absicht nie als gemeinsames Jagdschloss der preußischen Königsfamilie genutzt.

Innenraum der Burg Sooneck. Nach dem Zweiten Weltkrieg war die Burg geplündert worden. Die Räume sind heute mit Mobiliar aus anderen Rheinschlössern im Empire- und Biedermeierstil ausgestattet.

den jedoch durch die Auswirkungen der 1848er-Revolution und die Krankheit und den Tod Friedrich Wilhelms IV. mehrfach unterbrochen und konnten erst zwischen 1861 und 1864 fertiggestellt werden. Prinz Albrecht zog sich bereits 1850 aus dem gemeinsamen Projekt zurück, nachdem seine Brüder seine Scheidung von der niederländischen Prinzessin Marianne von Oranien-Nassau und sein Vorhaben, sein Liebesverhältnis mit Generalstochter Rosalie von Rauch durch eine Ehe zu legalisieren, kritisiert hatten.

Der nüchterne Militärarchitekt Schnitzler schuf ein relativ authentisches Bild einer mittelalterlichen Wehranlage. Die erhaltene und stabile Ruinensubstanz blieb weitgehend unangetastet, bauliche Ergänzungen wurden nur behutsam vorgenommen. Noch heute ist am Turm eine Putzkante aus dem 14. Jahrhundert zu sehen, die entstand, als man bei Kriegsgefahr die Gerüste vor der Beendigung der Putzarbeiten vorzeitig abbrechen musste.

Aufgrund der späten Fertigstellung wurde Sooneck entgegen der ursprünglichen Absicht nie als gemeinsames Jagdschloss der Prinzen genutzt. „Die Zeit war über die romantische Idee hinweggegangen“, lautete jüngst das treffende Urteil einer Ausstellung über die Baupolitik Friedrich Wilhelms IV. Lediglich Prinz Karl weilte nach Abschluss der Bauarbeiten häufig auf Sooneck und feierte hier gelegentlich seinen Geburtstag.

Nach dem Zweiten Weltkrieg wurde die Burg zunächst dem Land Rheinland-Pfalz und 1948 der Staatlichen Schlösserverwaltung Rheinland-Pfalz (heute: Direktion Burgen, Schlösser, Altertümer der Generaldirektion Kulturelles Erbe Rheinland-Pfalz) zugesprochen, die das Gebäude der Öffentlichkeit zugänglich machten. Da die ohnehin karge Möblierung kurz nach dem Ende des Zweiten Weltkrieges geplündert worden war, sind die Räume heute mit Empire- und Biedermeiermöbeln aus den Schlössern Stolzenfels und Koblenz ausgestattet.

Eine der wenigen nicht wiedererrichteten oder ausgebauten Wehranlagen am Rhein: Burgruine Fürstenberg auf einem Stahlstich um 1850.

Burg Fürstenberg

Auch die weiblichen Mitglieder des preußischen Königshauses verfielen im 19. Jahrhundert der rheinischen Burgenromantik. 1844 bemühte sich die Witwe Friedrich Wilhelms III., Fürstin Auguste von Liegnitz, die unweit von Sooneck gelegene **Ruine Fürstenberg** zu erwerben. Im Mittelalter gehörte Fürstenberg zu den mächtigsten Wehranlagen am Rhein. Eine steil emporragende Schildmauer, ein 25 Meter hoher Bergfried und ein bis zu zwölf Meter tief in den Fels gehauener Graben schützten die Burg nach allen Seiten vor feindlichen Angriffen. Erbaut wurde die Wehranlage gegen 1219 vom Kölner Erzbischof Engelbert I., um den kurkölnischen Besitz und die kölnischen Zollstätten um Bacharach zu sichern. Bereits 1243 mussten die Kölner die Burg jedoch als Lehen

Eingebettet in die steilen Weinberge zeugt der imposante, 25 Meter hohe Bergfried noch heute von der einstigen Größe der Burganlage Fürstenberg.

dem Pfalzgrafen bei Rhein übergeben, der seit 1214 aus dem Haus der mächtigen Wittelsbacher stammte. Der Pfalzgraf und spätere römisch-deutsche König Ludwig der Bayer weilte in der ersten Hälfte des 14. Jahrhunderts mehrfach auf Burg Fürstenberg. Der Überlieferung nach lebte auf der Burg einst auch der Ritter Veit von Fürstenberg, der für seine Treffsicherheit mit der Armbrust bekannt war. Er warb um das Herz einer schönen Frau, auf die auch sein Nachbar, der Raubritter Siebold von Sooneck, ein Auge geworfen hatte. Als sich die Jungfrau für den ehrenwerten Fürstenberger entschied, ließ Siebold seinen Rivalen heimlich gefangennehmen und mit ausgestochenen Augen ins Verließ werfen. Jahre später kam bei einem der üblichen Zechgelage auf Sooneck die Sprache auf den verschollenen Fürstenberger, dessen Schießkünste von den Anwesenden in den buntesten Farben geschildert wurden. Verärgert brüstete sich Siebold, dass der gefeierte Schütze seit langer Zeit hilflos im Soonecker Burggefängnis darbe. Zum Beweis, dass von Veits Treffkunst nichts geblieben sei, ließ er den Blinden aus dem Verließ zerren und mit einer Armbrust ausstatten. „Jetzt kannst du deinen Meisterschuss vollbringen. Wenn du dein Ziel, den Becher, den ich hier vor dem Mund habe, triffst, bist du frei“, höhnte der Raubritter, als der ausgemergelte, aber hoch aufgerichtete Gefangene vor ihm stand. „Schieß jetzt“, brüllte er und warf den Becher zu Boden. In genau diesem Moment traf ihn ein Pfeil mitten in den Mund. Tödlich verletzt stürzte Siebold zu Boden – und Veit von Fürstenberg war endlich frei.

Burg Fürstenberg fiel im 17. Jahrhundert in einen langen Dornröschenschlaf.

Ludwig der Bayer auf dem sogenannten Mainzer Kurfürstenzyklus – einem Skulpturenzyklus aus dem Jahr 1330 –, der sich heute als Kopie am Rheinufer in Mainz befindet. Der Wittelsbacher war zu Anfang des 14. Jahrhunderts mehrfach auf Burg Fürstenberg.

Im Dreißigjährigen Krieg wurde die Burg, die zum Schutz gegen die neuen Feuerwaffen im 15. Jahrhundert noch um einen Flankenturm erweitert worden war, zunächst durch die Spanier und 1632 durch die Schweden erobert. 1689 zerstörten die Franzosen die Anlage. Die erhalten gebliebenen Burgbereiche, der hohe Bergfried und Teile der Schildmauer, zeugten allerdings weiterhin von vergangener Größe.

Noch vor Fürstin Auguste von Liegnitz ließ bereits Prinz Friedrich von Preußen in den 1820er-Jahren Erkundigungen über einen möglichen Ankauf Fürstenbergs einziehen, bevor er sich endgültig für die Vautsburg entschied. Auch Auguste von Liegnitz nahm – unter anderem aufgrund des hohen Preises – von einem Kauf der Burg wieder Abstand. 1845 erwarb stattdessen ihr Schwiegersohn, der niederländische Prinz Friedrich von Oranien-Nassau, die Burg und machte sie seiner Frau Luise, der Stieftochter der Fürstin, zum Geschenk. Nach den Vorstellungen Luises sollte Fürstenberg zu einem der elegantesten, neugotischen Schlösser am Rhein ausgebaut werden. 1849 zeichnete der Architekt C. de Jong weitreichende Umbaupläne, die allerdings wenig Rücksicht auf den vorhandenen mittelalterlichen Burgbestand nahmen. Aus unbekannten Gründen wurde der Ausbau nie umgesetzt, sodass Fürstenberg heute zu den wenigen Wehranlagen gehört, die nicht durch Ausbauten des 19. Jahrhunderts verändert wurden. 1912 erwarb ein Weingroßhändler aus Bacharach die Ruine samt der dazugehörigen Weinberge, um hier, im kühlen Turm, seine Weinvorräte zu lagern. Ein Wiederaufbau unterblieb. Erst 1996, nachdem in den 1980er-Jahren ein beträchtlicher Teil der nördlichen Schildmauer eingestürzt war, veranlasste der neue Besitzer gemeinsam mit dem Landesamt für Denkmalpflege umfangreiche Maßnahmen zur Erhaltung und Sanierung der Anlage.

Romantisch und „hinreißend“: So beschrieb bereits Victor Hugo Bacharach am Rhein. Über der Stadt thront die Burg Stahleck.

Bacharach war schon im 19. Jahrhundert bei den Rheinreisenden ein beliebtes Ziel. St. Peter in Bacharach, erbaut Mitte des 13. Jahrhunderts, auf einem Gemälde von 1845 von Ivo Ambros Vermeersch.

Burg Stahleck

Auch die am Eingang des Steeger Tals über der Stadt Bacharach gelegene **Burg Stahleck** mit ihrer wechselvollen Geschichte erregte das besondere Interesse der Königsfamilie. Allein die Stadt Bacharach übte mit ihren historischen Mauern, verschachtelten Fachwerkhäusern und engen Gassen einen starken Reiz auf das Rheinpublikum des 19. Jahrhunderts aus. Der weit gereiste Victor Hugo schrieb 1839: „Wenn die Sonne die Wolkendecke durchdringt und ihr Licht durch eine Luke am Himmel lächelt, gibt es nichts Hinreißenderes als Bacharach.“ Auch als angeblicher Schauplatz zahlreicher Geisterbegebenheiten zog Bacharach die Aufmerksamkeit auf sich. Im Posthof, so der genussvoll rezipierte Volksmund, spukte nachts der Geist eines Postbeamten, dem es einhundert Jahre zuvor nicht gelungen war, das Gebäude vor einer Feuersbrunst zu bewahren. Von einem unweit der Stadt gelegenen Turm sprangen einst, so eine andere Geschichte, der junge Prinz Albert

von Stahleck und die bürgerliche Winzerstochter Mathilde in den Tod, da sie keine Zukunft für ihre Liebe sahen.

Die Burg Stahleck – frei übersetzt „unbezwingbare Burg auf einem Felssporn" – entstand vor 1135 im Auftrag des Kölner Erzbischofs als südlicher Vorposten des Erzbistums. Die Geschichte der Burg ist eng mit dem Aufstieg der mächtigen Pfalzgrafen bei Rhein verbunden, die im 13. Jahrhundert über weite Gebiete des Mittelrheintals herrschten. Dem von den Kölnern eingesetzten Burgvogt Hermann von Stahleck gelang es 1125, die Schwester des staufischen Königs Konrad III. zur Frau zu nehmen. Eine bedeutende Heirat, denn 1142 stattete der König seinen Schwager mit der Pfalzgrafenwürde aus und machte ihn so zu einem der wichtigsten Amtsträ-

„Ansicht der Kurpfälzischen Stadt Bacharach", kolorierte Radierung von Johann Ziegler (1750–1812).

Burg Stahleck ist ein geschichtsträchtiger Schauplatz, auch im Machtgerangel zwischen Staufern und Welfen, in deren Besitz die Burg war.

ger des Reiches. Angesichts der wachsenden Macht des Burgvogtes entglitt die Burg Stahleck immer mehr dem Einflussbereich des eigentlichen Oberlehnsherrn, des Kölner Erzbischofs. Nach dem Tod Hermann von Stahlecks im Jahr 1156 wurden Pfalzgrafenschaft und Burg neu vergeben. Friedrich Barbarossa übertrug beides seinem Halbbruder Konrad von Staufen und erklärte Stahleck, in einem schamlosen Eingriff in die Rechte des Kölner Oberlehnsherrn, zum staufischen Erblehen. Das neue Machtzentrum der Hohenstaufer am Rhein währte jedoch nur kurz. 1194 heiratete Konrads Tochter Agnes, seit dem Tod der Söhne seine einzige Erbin, Heinrich von Braunschweig, den Sohn des Welfenherzogs Heinrich der Löwe. Eine Katastrophe in den Augen der Staufer, war man doch mit den Welfen seit dem Bruch zwischen Heinrich dem Löwen und Friedrich Barbarossa zutiefst verfeindet. Nur fünf Jahre zuvor, 1189, war der Welfenherzog offiziell zum Reichsfeind erklärt worden. Konrad soll sogar versucht haben, die Liebesheirat seiner Tochter dadurch zu verhindern, dass er sie in einen kahlen Zollturm auf einer Rheininsel sperren ließ. Seine Frau schlug sich jedoch auf die Seite der Liebenden, die sich während eines heimlichen Aufenthalts des jungen Welfen auf Burg Stahleck kennengelernt hatten. Sie verhalf Heinrich und einem Priester Zugang zum Turm, sodass dort die Trauung stattfinden konnte.

Heinrich von Braunschweig, seit 1195 Pfalzgraf und Burgherr von Stahleck, war politisch wenig interessiert und trat die Pfalzgrafenwürde noch zu Lebzeiten an seinen gleichnamigen Sohn ab. Als dieser in jungen Jahren kinderlos starb, wurde die Pfalzgrafenschaft von König Friedrich II. als erledigtes Reichslehen eingezogen und dem Geschlecht der Wittelsbacher zugesprochen. Durch geschickte Heiratspolitik gelang es den neuen Pfalzgrafen, auch die Burg Stahleck in ihren Besitz zu bekommen. Die pfalzgräfliche Residenz wurde allerdings mehr und mehr von Bacharach nach Heidelberg verlegt. Einer der letzten Pfalzgrafen, der regelmäßig auf Burg Stahleck weilte, war Ludwig II., der Strenge, der hier ein Auge auf seine einträglichen Zollstellen am Rhein hatte. 1256 ließ er seine Frau Maria von Brabant auf einen falschen Verdacht hin enthaupten. Seit dieser Tat trieb sich der Pfalzgraf ruhelos in den Mauern Stahlecks umher und stiftete schließlich als Sühneleistung das Kloster Windsbach.

Kronprinz Friedrich Wilhelm machte seiner Gattin Elisabeth – einer direkten Nachfahrin der Pfalzgrafen – die Burg zum Geschenk. Elisabeth von Preußen, hier auf einem Porträt von 1812, das sie noch in jungen Jahren als Prinzessin von Bayern zeigt.

Obwohl Stahleck im 14. Jahrhundert nicht mehr Herrschaftsmittelpunkt der Pfalzgrafenschaft war, nutzten die Wittelsbacher die Burg für größere Feste und Fürstenversammlungen. 1314 organisierte König Ludwig der Bayer auf Stahleck ein prunkvolles Hoflager; wenige Jahre später fand hier die Hochzeit der einzigen Tochter des Pfalzgrafen Rudolf II. mit dem böhmischen Kaiser Karl IV. statt. 1442 bewirtete Ludwig IV. auf Stahleck gemein-

sam mit 28 Grafen und einem glänzenden Gefolge den zur Kaiserkrönung nach Aachen ziehenden Habsburger König Friedrich IV. von Österreich. Darüber hinaus diente Burg Stahleck den Wittelsbachern als Pfandobjekt, um finanzielle Engpässe auszugleichen. 1294 ging die über Bacharach gelegene Burg für drei Jahre an König Adolf von Nassau. Nach 1314 wurde sie angesichts der hohen Kosten für die umstrittene Königswahl Ludwigs des Bayern für geraume Zeit dem Trierer Erzbischof Balduin von Luxemburg und seinem Neffen, dem böhmischen König Johann von Luxemburg, zugesprochen. Der Wohnkomfort auf Stahleck war allerdings, wie auf den meisten mittelalterlichen Burgen, stark eingeschränkt. „Die Burg ist nicht gebaut, um schön, sondern um fest zu sein“, betonte ein Zeitgenosse. „Von Wall und Graben umgeben, innen eng, da sie durch Stallungen für Vieh und Herden versperrt wird. Daneben liegen die dunklen Kammern, angefüllt mit Geschützen, Pech und Schwefel und dem übrigen Zubehör der Waffen und Kriegswerkzeuge. Überall stinkt es nach Pulver, dazu kommen die Hunde mit ihrem Dreck, ein feiner Duft.“

Ab Mitte des 15. Jahrhunderts versank Stahleck mehr und mehr in der Bedeutungslosigkeit. Im Dreißigjährigen Krieg wurden Burg und Bacharach achtmal belagert und geplündert. Wenige Jahrzehnte später, 1689, zündeten französische Truppen die riesigen Pulvervorräte in den unterirdischen Kellergewölben der Burg. Das Donnern der gewaltigen Explosion war im gesamten Rheintal zu hören. Fels- und Steinbrocken wurden bis zur Stadt geschleudert und zerschlugen dort das

Wechselvolle Geschichte und imposantes Baudenkmal: Burg Stahleck. Inzwischen zählt das romantisch anmutende Gemäuer zu den beliebtesten Jugendherbergen Deutschlands.

Gewölbe der gotischen Wernerkapelle. Von Stahleck blieb nur ein schwarzes, bald von Pflanzen überwuchertes Gemäuer.

1828 erwarb Kronprinz Friedrich Wilhelm die Ruine und schenkte sie – in einer historisch-sentimentalen Geste – seiner Gattin Elisabeth Ludovika von Bayern, einer Wittelsbacher Prinzessin und damit direkte Nachfahrin der mittelalterlichen Pfalzgrafen. Ein Jahr zuvor hatte in Berlin, anlässlich der Vermählung von Prinz Carl, die Uraufführung von Gaspare Spontinis Oper „Agnes von Hohenstaufen" über die verhängnisvolle staufisch-welfische Hochzeit stattgefunden. Elisabeth von Bayern zeigte allerdings wenig Interesse an einem Wiederaufbau der Burg ihrer Vorfahren und ließ lediglich den Zufahrtsweg auf eigene Kosten festigen. Ein Besuch der neuen Burgherrin veranlasste die Stadtverwaltung Bacharach in den 1850er-Jahren, die noch bestehenden Mauern abzubrechen und mit dem „mittelalterlichen Schutt" Burghof und Halsgraben zu verfüllen. Es entstand ein weitgehend planiertes Areal, das sich kaum mehr gegen den dahinter aufsteigenden Berg abhob. Lediglich die hofseitige Palaswand sowie Stücke der Ring- und Schildmauern überstanden das übereifrige Handeln der Stadtverwaltung.

1908 verkaufte die preußische Domänenverwaltung die Burg an den Rheinischen Verein für Denkmalpflege und Heimatschutz. Dieser ließ zwischen 1925 und 1927 Ring- und Schildmauer rekonstruieren und auf den ausgegrabenen alten Grundmauern eine Jugendherberge errichten. Der mit dem Wiederaufbau beauftragte Düsseldorfer Architekt und Regierungsbaumeister Ernst Stahl orientierte sich bei seinen Plänen eng an den freigelegten Burgresten und einem Kupferstich von Matthäus Merian aus dem Jahr 1632. Bereits 1926 wurde die Jugendherberge in Betrieb genommen und in den folgenden Jahren kontinuierlich erweitert. Seit den 1930er-Jahren fanden hier nationalsozialistische Schulungskurse für die Schüler der rheinischen Oberschulen statt. Nach dem Ausbruch des Zweiten Weltkriegs spielte Stahleck darüber hinaus eine unrühmliche Rolle als Straf- und Erziehungslager für Jugendliche und junge Erwachsene. Unter den Internierten befanden sich auch rund 200 Schüler und Studenten aus Luxemburg, die am Protest und dem Generalstreik gegen die von den deutschen Besatzern erlassene Zwangsrekrutierung teilgenommen und Hitlergruß und Unterricht boykottiert hatten. Schikaniert vom Wachpersonal mussten sie im Burghof exerzieren und sinnlose körperliche Arbeiten ausführen. Für die Mitglieder der katholisch geprägten Michael-Truppe aus Andernach, die gegen die Verfolgung regimekritischer Priester protestiert hatten, wurde die Arrestzelle auf Stahleck zum Durchgangslager auf dem Weg zum Jugend-KZ Moringen bei Göttingen.

Seit 1947 wird Burg Stahleck wieder vom Jugendherbergswerk genutzt und zählt heute mit rund 42.000 Übernachtungen im Jahr zu den beliebtesten Jugendherbergen Deutschlands.

Auch in jüngerer Zeit war dieser Ort Kulisse der Weltgeschichte: Der rheinland-pfälzische Ministerpräsident Kurt Beck, Frankreichs Staatspräsident Jacques Chirac, Premierminister Lionel Jospin und Bundeskanzler Gerhard Schröder (v.l.n.r.) auf Burg Stahleck. Mit einer Schifffahrt auf dem Rhein von Bingen nach Bacharach und einem anschließenden Essen auf der Burg wurde der 75. deutsch-französische Gipfel beendet.

Zwischen Bacharach und Rhens

Wichtiger Anlaufpunkt für das romantische Rheinpublikum im 19. Jahrhundert war neben Bacharach auch der wenige Kilometer stromabwärts gelegene ehemalige pfalzgräfliche Zollgürtel bei Kaub mit den Burgen Gutenfels und Pfalzgrafenstein. Ein Ort mit großer Bedeutung im vergangenen Krieg gegen Frankreich: In der Silvesternacht 1813/1814 hatte General Gebhard Leberecht von Blücher hier den Fluss überquert und damit das Ende der französischen Herrschaft am Mittelrhein eingeleitet. Mit der relativ unzerstörten Burg Pfalzgrafenstein bot der Rheinabschnitt bei Kaub darüber hinaus ein einmaliges Landschaftspanorama.

Burg Gutenfels und Pfalzgrafenstein

Die um 1220 unter dem Namen Burg Cube errichtete **Burg Gutenfels** gehörte zusammen mit der Stadt Kaub und dem Kauber Zoll bis zum Ende des 13. Jahrhunderts den Herren von Bolanden-Falkenstein, die als Vertraute des Königs zu den mächtigsten Amtsträgern des Reiches gehörten. Die schöne und anmutige

Blick auf Burg Gutenfels. Auch um diese Wehranlage ranken sich zahlreiche Legenden und auch Liebesgeschichten, wie die von der mutigen Geschützmeistertochter Else Welser.

Schwester Philipps I. von Falkenstein, Guta von Falkenstein, heiratete der Sage nach Richard von Cornwall, den 1257 zum römisch-deutschen König gewählten Sohn des englischen Herrschers Johann Ohneland. Der Überlieferung zufolge hatte er ihr Herz gewonnen, als er bei einem Turnier in Köln als anonymer Ritter mit seinem Aussehen, seinen Reit- und Kampfkünsten alle anderen Teilnehmer in den Schatten stellte.

Zwischen 1277 und 1289 verkauften die Herren von Bolanden-Falkenstein die auf einem Felssporn gelegene Burg samt Stadt und Zollrecht an Pfalzgraf Ludwig II. Die Wittelsbacher ließen ihren neuen Stützpunkt und die einträgliche Zollstation durch adlige Burgmannen schützen, zu denen auch der spätere deutsche König, Graf Adolf von Nassau, gehörte. 1504 wurde die Burg von Landgraf Wilhelm von Hessen belagert, der mit Gewalt die wegen Missachtung königlicher Vorschriften gegen den Pfalzgrafen verhängte Reichsacht durchsetzen wollte. Nach 39 Tagen musste er jedoch seine Truppen ohne Erfolg abziehen. An diese Belagerung knüpft sich die Sage der mutigen Kauber Geschützmeistertochter Else Welser, die von ihrem Vater wegen ihrer Liebe zu einem Gesellen des Hauses und der Stadt verwiesen worden war. Jahre später fand der zum Meister aufgestiegene Geselle jedoch die Anerkennung des alten Mannes. Als Else von der Versöhnung erfuhr, hoffte sie auf eine Erfüllung des lang versagten Liebesglücks und reiste in ihre Heimatstadt zurück. Bei ihrer Ankunft wurde Kaub von den feindlichen landgräflichen Truppen belagert. Um zu ihrem Liebsten zu gelangen, ließ sie sich als Soldat verkleidet von den pfalzgräflichen Ersatztruppen anwerben, die vergebens einen Weg durch die Klippen im Rhein suchten. Dank ihrer Ortskenntnisse führte sie die Soldaten sicher durch das Fahrwasser und bereitete so die Befreiung der Stadt vor.

Auch in Übersee war das Rheintal schon im 19. Jahrhundert für seine Kulturdenkmäler und Naturschönheiten bekannt. Hier eine Fotografie von 1893 aus dem „Portfolio of Photographs of Famous Cities, Scenes and Paintings", Chicago.

1326/27 ließ Ludwig der Bayer zur Verstärkung des pfalzgräflichen Zollstützpunktes auf der Kaub vorgelagerten Rheininsel Falkenau einen zusätzlichen Wachturm errichten. Seitdem musste sich aufgrund der zahlreichen Felsbänke im linken Flussarm der gesamte Schiffsverkehr durch das enge Nadelöhr zwischen der Kauber Zollstation und dem mächtigen, mit Geschützen ausgestatteten Turm hindurchzwängen. Vergebens forderte Papst Johannes XXII. die übrigen Kurfürsten auf, den von seinem

Eines der schönsten Rheinpanoramen überhaupt: Burg Pfalzgrafenstein und Burg Gutenfels bei Kaub.

Die Wehranlage auf der Rheininsel Falkenau ragt wie ein steinernes Schiff in den Fluss.

Erzfeind errichteten Zollriegel zu zerstören. Unbeeindruckt von den päpstlichen Drohungen ließ Ludwig der Bayer den Turm zur Burg ausbauen und 1339 mit einer 12 Meter hohen sechseckigen Mauer umgeben. Im Keller der **Pfalzgrafenstein** genannten Wehranlage wurde ein Verlies eingerichtet, dessen Boden ein schwimmendes Holzfloß bildete. Hierauf retteten sich bei Hochwasser nicht nur die Gefangenen, sondern auch die zahlreichen Ratten.

Ausbauten des 15. und 17. Jahrhunderts gaben der Burg mehr und mehr das Aussehen eines steinernen Schlachtschiffes mit einem bastionsartig ausgebauten „Bug" und einem stumpfwinklig gebrochenen „Heck". Für diesen Eindruck sorgte unter anderem die massive Spitze, die 1606/1607 als Eisbrecher an der rheinaufwärts gelegenen Seite errichtet worden war und als zusätzliche Geschützplattform genutzt wurde.

Im Dreißigjährigen Krieg verwüsteten die unterschiedlichen Kriegsparteien Kaub und Burg Gutenfels. Die Bevölkerung litt schwer unter den gewaltvollen Übergriffen, Bränden, Seuchen und Hungersnöten. Die wirtschaftlichen Folgen des Krieges waren noch Jahrzehnte später deutlich spürbar. Lediglich die Burg Pfalzgrafenstein überstand das Wüten der Kriegsparteien relativ unbeschadet.

Ende Dezember 1813 beorderte die preußische Armee alle Schiffer und Lotsen der Region nach Kaub, damit sie hier den Rheinübergang General Blüchers unterstützten. Während die Männer mit ihren kleinen Nachen in der Silvesternacht eine Vorhut und erste Truppen übersetzten, bauten russische Pioniere unter Ausnutzung der Insel Falkenau eine Brücke aus Leinwandpontons. Während der erste Brückenteil zwischen Kaub und Pfalzgrafenstein zügig fertig gestellt wurde, erschwerten auf dem linken Flussarm starke Strömungen die Arbeit. Erst am Morgen des 2. Januar war die Brücke einsatzbereit.

Der Farbdruck von 1890 zeigt den Rheinübergang der 1. Schlesischen Armee unter Blücher bei Kaub am 1. Januar 1814.

„Die Pfalz bei Kaub", kolorierter Stahlstich von 1850 von Ludwig Rohbock nach einer Zeichnung von Ludwig Lange (1808–1868).

Zwischen 1969 bis 1975 wurde die von den Preußen lange Zeit als Signalstation genutzte Burg Pfalzgrafenstein durch das Land Rheinland-Pfalz vollständig restauriert und das auffallende Rot-Weiß der barocken Farbgebung wieder hergestellt. Dank einer Personenfähre steht die Burg heute dem Besucherverkehr offen. Die Zukunft von Burg Gutenfels war zunächst ungewiss: Das Herzogtum Nassau, seit der Auflösung des pfälzischen Kurfürstentums 1803 im Besitz der Burg, ließ 1805 das Inventar, 1807 das Holzwerk und 1813 das Mauerwerk versteigern. 1833 erwarb der Archivar Friedrich Habel die Ruine und bewahrte sie damit vor dem endgültigen Ausverkauf. Zwischen 1889 und 1892 restaurierte der Kölner Architekt Gustav Walter die mittelalterliche Wehranlage mit großem finanziellem Aufwand, wobei die originale Bausubstanz und der Ruinencharakter weitgehend erhalten blieben. Der Palas der Burg gilt heute als einer der schönsten und am besten erhaltenen Profanbauten der Stauferzeit.

Burg Schönburg und Burg Rheinfels

Etwas nördlich des alten pfalzgräflichen Zollgürtels liegen die **Burgen Schönburg** und **Rheinfels**, die 1842/43 nahezu zeitgleich in den persönlichen Besitz der Hohenzollernfamilie übergingen. Der Kauf der beiden Ruinen war ein deutliches Zeichen gegen Frankreich, das in einer neuen Welle patriotischer Begeisterung seit 1840 vehement über eine Rückgewinnung der linksrheinischen Gebiete diskutierte.

Die Geschichte der Schönburg bei Oberwesel lässt sich bis ins frühe 12. Jahrhundert zurückverfolgen. Zu den ersten Lehnsnehmern der wahrscheinlich als Reichsburg entstandenen Anlage zählte Hermann von Stahleck, der im Verlies der Schönburg 1148 den einzigen Sohn seines Mitbewerbers um die Pfalzgrafenschaft aushungern und erdrosseln ließ. Die in der Nachfolge von Hermann von Stahlecks mit der Burghut betrauten Reichsministerialen nannten sich bald nach ihrem Dienstort Herren von Schönburg. Sie blieben im Amt, auch als die Burg für mehrere Jahre an das Erzstift Magdeburg verpfändet wurde und schließlich an das Kurfürstentum Trier fiel. Seit der Mitte des 13. Jahrhunderts verzweigte sich der Familienstamm der Schönburger in verschiedene Linien, die jedoch alle auf

Die Burg Schönburg bei Oberwesel am Rhein. Der Bergfried besitzt drei Wohnbauten aus dem 12. bis 14. Jahrhundert. Heute ist die Burg eine Bildungsstätte mit Hotel.

Der „Hohe Mantel“ mit seinem Rundbogenfries ist einzigartig. Die Schildmauer der Burg Schönburg ist fast fünf Meter dick.

der Burg wohnhaft blieben. Um Platz für die stetig wachsende Burggemeinschaft zu schaffen, wurde die eigentliche Kernburg um zwei separate Wohn- und Wirtschaftsbereiche mit jeweils eigenem Hauptturm erweitert. Die Vielzahl an Türmen, Wohn- und Wehrbauten gaben der Schönburg eine unverwechselbare Silhouette. Zum Schutz der Burg wurde zwischen 1320 und 1350 am unteren Hof eine mächtige Schildmauer, der „Hohe Mantel“, errichtet, die zu den beeindruckendsten Beispielen dieser Architekturgattung gehört. Während die Burg damit eine starke Befestigung gegen äußere Feinde erhielt, entwickelte sich im Inneren der Wehranlage eine tödliche Auseinandersetzung zwischen den verschiedenen Familienzweigen, in deren Verlauf zwei Ritter starben. Der Trierer Erzbischof musste 1342 seine gesamte Autorität aufbieten, um die Schönburger zum Abschluss eines Burgfriedens zu bewegen.

Natürlich lebten auch auf Schönburg „edle Jungfrauen“, um deren Gunst zahlreiche Ritter kämpften und um die sich schauerliche Sagen ranken. Einige hundert Meter flussabwärts der Schönburg ragen bei niedrigem Wasser sieben Felsspitzen aus den Fluten des Rheins hervor. Der Sage nach handelt es sich bei diesen Felsen um sieben Schwestern, die einst auf der Schönburg lebten und wegen ihres allzu frechen Auftretens gegenüber der Männerwelt in Steine verwandelt worden waren. Die sieben

Blick auf den Loreley-Felsen und das Mittelrheintal bei St. Goarshausen mit den Burgen Katz und Maus.

Und ewig lockt die schöne Loreley

Noch bekannter als die Legende der „Sieben Jungfrauen" waren im 19. Jahrhundert allerdings die Geschichten, die sich um den unweit von Oberwesel gelegenen Loreley-Felsen rankten. Der 132 Meter hohe Felsen an der tiefsten und engsten Stelle im Rhein war seit alters her ein gefürchteter und geheimnisvoller Ort, der die Fantasie der Menschen anregte. In den Felsspalten vermutete man lange Zeit Zwerge, Nymphen und Elfen, denen auch das ungewöhnliche siebenfache Echo angelastet wurde, das durch die vielen Felsübergänge entstand. Seit den 1840er-Jahren geht das berühmte Loreley-Echo allerdings im Verkehrslärm unter.

Der romantische Dichter Clemens Brentano schuf zwischen 1799 und 1801 in seiner Ballade „Zu Bacharach am Rheine" die Lore Lay, eine verführerische Frau, dazu verdammt, mit ihrer Schönheit alle Männer ins Verderben zu ziehen. Sie wird daher als Zauberin verklagt und vor den Bischof gebracht. Dieser lässt jedoch Gnade walten und weist seine Männer an, sie in ein Kloster zu bringen. Auf dem Weg dorthin stürzt sich Lore Lay, ihres Lebens müde, vom höchsten Punkt des Felsens herab, um dem Fluch endlich seine Wirkung zu nehmen. Brentanos Ballade regte viele andere Dichter – von Joseph von Eichendorff bis Gottfried Keller – zu ähnlichen Geschichten an.

Den stärksten Eindruck auf das romantische Publikum machte Heinrich Heines Gedicht „Die Lore-Ley" über eine auf den

Klippen sitzende Wasserfrau, die alle vorbeifahrenden Schiffer durch ihren Gesang und ihrer Schönheit in den Tod lockt. In der Vertonung von Friedrich Silcher von 1837 erlangte Heines Gedicht weltweite Berühmtheit. Es wurde in zahlreiche Sprachen übersetzt. Vor allem in Japan genießt Heines Lore-Ley noch heute große Beliebtheit.

Die felsigen Klippen des Schieferfelsens und die gefährliche Strömung regen seit Jahrhunderten die Fantasie von Dichtern und Künstlern an. Ansicht des Loreley-Felsens bei St. Goarshausen auf einem Gemälde um 1840 von Johann Ludwig Bleuler.

Heinrich Heines Lied von der Loreley

Ich weiß nicht, was soll es bedeuten,
Dass ich so traurig bin;
Ein Märchen aus alten Zeiten,
Das kommt mir nicht aus dem Sinn.

Die Luft ist kühl und es dunkelt,
Und ruhig fließt der Rhein;
Der Gipfel des Berges funkelt
Im Abendsonnenschein.

Die schönste Jungfrau sitzet
Dort oben wunderbar;
Ihr goldnes Geschmeide blitzet,
Sie kämmt ihr goldenes Haar.

Sie kämmt es mit goldenem Kamme
Und singt ein Lied dabei;
Das hat eine wundersame,
Gewaltige Melodei.

Den Schiffer im kleinen Schiffe
Ergreift es mit wildem Weh;
Er schaut nicht die Felsenriffe,
Er schaut nur hinauf in die Höh.

Ich glaube, die Wellen verschlingen
Am Ende Schiffer und Kahn;
Und das hat mit ihrem Singen
Die Lore-Ley getan.

„Die schönste Jungfrau sitzet/ Dort oben wunderbar": die Loreley auf einem Gemälde von 1835 von Karl Begas (1794–1854).

Edle Ritter kämpfen um holde Jungfrauen – so stellte man sich auch im 19. Jahrhundert das Mittelalter vor.

Prinzessin Luise und ihr Bruder Prinz Albrecht von Preußen auf einem Gemälde von 1817 von Gerhard von Kügelgen. Prinz Albrecht erwarb 1842 die Überreste der Burg Schönburg, verkaufte sie aber bereits 1866 wieder.

Jungfrauen, so die Legende, zählten zu den schönsten Frauen des Reiches. Von überall her zogen Ritter nach Oberwesel, um eine der Schwestern als Ehefrau zu gewinnen. Tag für Tag bewiesen sie vor der Burg in Turnieren ihren Mut und ihre Geschicklichkeit. Die Schwestern begegneten den hoffnungsvollen Anträgen jedoch nur mit Spott und Gelächter. Eines Tages stellten die entzürnten Ritter den sieben Frauen ein Ultimatum: Sie sollten sich endlich für einen Ehemann entscheiden, andernfalls werde man die Burg belagern und von der Außenwelt abschneiden. Scheinbar erschrocken zogen sich die Schwestern zur Beratung zurück und verkündeten dann von den Zinnen der Burg herab, dass am nächsten Tag ein Losverfahren über ihre zukünftigen Gatten entscheiden solle. Als die glücklichen Gewinner – durch Manipulation der Schwestern sieben besonders hässliche Männer – am folgenden Morgen in den Burggarten eilten, erwarteten sie dort nur sieben ebenso hässliche Strohpuppen. Fassungslos starrten die Männer auf die Strohgestalten, bis sie unten am Rhein lautes Gelächter hörten. Schelmisch winkend stiegen die sieben Schwestern in ein Boot und fuhren langsam an der Burg vorbei. Doch plötzlich, wie aus dem Nichts, verdunkelte sich der Himmel. Das Boot wurde von einer Welle erfasst und versank mit den jungen Frauen im Wasser. Unter Donnern und Blitzen brauste der Fluss auf, während sich im nächsten Moment sieben spitze Felsen aus dem Wasser hoben.

Wie die meisten anderen Rheinburgen wurde auch die Schönburg im Pfälzischen Erbfolgekrieg von den Franzosen ausgeplündert, niedergebrannt und zerstört. Eine alte Chronik berichtet anschaulich: „Als sie [die Franzosen] endlich in der Stadt keine Grausamkeit mehr ausüben konnten, so gingen sie mit entsetzlicher Wuth auf das Bergschloß Schönburg loß, zerschossen das Thor, steckten die sechs Thürme in Brand, sprengten das Mau-

Oberwesel am Rhein mit Burg Schönburg auf einem Aquarell von 1841 von William Callow.

erwerck, zerstörten Keller, schütteten die Brunnen zu und zogen endlich, nachdem sie mit grimmigem Rasen die schöne Brücke über den Vorgraben am Thor zugrunde gerichtet hatten, mit großem Raub" weiter den Rhein hinunter.

1842 kaufte Prinz Albrecht von Preußen die Überreste der Burg, die auch das Interesse seiner Frau Prinzessin Marianne von Nassau-Oranien gefunden hatte. Prinz Albrecht plante, die Anlage mit privaten Mitteln durch den Kreuznacher Bauinspektor Ludwig Behr wieder aufbauen zu lassen. Ein bekannter Burgführer aus dem Jahr 1844 berichtete: „Es soll ein schönes Ritterschloss im reinsten byzantinischen Stil werden, dessen großartige, von hohen Thürmen überragte Gebäude, den an sich schon so malerischen Karakter dieser Gegend noch ergreifender machen werden." Eine Umsetzung dieser Pläne unterblieb jedoch, lediglich eine Kemenate wurde nach 1842 überdacht. Aufgrund der unzureichenden Zugangswege ließ Prinz Albrecht die Ruine und den dazugehörigen Grundbesitz 1866 wieder veräußern. Erst 1885 begannen erste Restaurierungs- und Wiederaufbauarbeiten durch den amerika-

Die UNESCO-Flagge mit dem Logo des Mittelrheintals in Oberwesel vor der Schönburg. Im Juni 2002 wurde die Anerkennung des 65 Kilometer langen Flussabschnitts als Weltkulturerbe bekanntgegeben.

nischen Immobilienmakler und Millionär T. J. Oakley Rhinelander, der über zwei Millionen Goldmark in die Baumaßnahmen investierte. In den 1950er-Jahren entstand auf dem Nordteil der Burg eine Jugendburg des Kolpingwerkes, in der Südhälfte eröffnete 1957 ein Kiosk mit sommerlichem Ausschank, der bald um einen Hotelbetrieb erweitert wurde. Die Aussichtserker, Balkons und kleinen Terrassen des Hotels ermöglichen heute einen herrlichen Blick über das Rheintal.

Blick auf das Gemäuer der Ruine Burg Rheinfels bei St. Goar. Die Burganlage war lange Zeit bevorzugter Wohnsitz der Grafen von Katzenelnbogen.

Die Katzenelnbogener – von Burg Rheinfels über „Katz" und „Maus" zur Reichsburg Sterrenberg

Die rheinabwärts der Schönburg gelegene **Burg Rheinfels** gehörte im Spätmittelalter zu den kulturellen Mittelpunkten des Reiches und widerstand 1692/93 als einzige linksrheinische Festung dem Ansturm des zahlenmäßig überlegenen französischen Heers. Bauherren waren die gerühmten und gefürchteten Grafen von Katzenelnbogen, die seit 1185 im Raum St. Goar als Vögte die Besitztümer der Abtei Prüm verwalteten. Im Verlauf des 13. Jahrhunderts gelang es den Grafen, deren Wappen einen roten Löwen zeigte, ihre Machtstellung immer weiter auszubauen und den reichen Zoll zu St. Goar für sich zu beanspruchen. Diether V. von Katzenelnbogen errichte Rheinfels gegen 1245, um einen Ersatz für die bislang als Dienstsitz genutzte, aber wenig repräsentative Wehranlage am Ortsrand von St. Goar zu gewinnen. Bereits 1255, zehn Jahre nach Baubeginn, konnte der neue Stützpunkt erfolgreich gegen das stattliche Heer des Rheinischen Städtebundes verteidigt werden, das den Grafen mit militärischer Gewalt zur Rücknahme seiner drastischen Zollerhöhungen zwingen wollte.

Mitte des 14. Jahrhunderts ließ Graf Wilhelm II. von Katzenelnbogen Rheinfels durch den Anbau mehrerer Wirtschaftshöfe und Wohngebäude sowie einer zweiten Schildmauer zur Residenz erweitern. Der auf 54 Meter aufgestockte Bergfried überragte alle bekannten Burgtürme der damaligen Zeit. Als Zeichen stolzer Repräsentation entstand zudem über der inneren Pforte eine fast zwei Meter hohe Steinskulptur, die den gekrönten Katzenelnbogener Wappenlöwen zeigte. Spätestens in dieser Zeit wurde die Burg zum bevorzugten Aufenthaltsort und Verwaltungsmittelpunkt der Dynastenfamilie. Das ausgeprägte Hofleben und zahlrei-

che Turniere machten Rheinfels zu einer Hochburg für Kunst und Kultur am Mittelrhein. Sänger, Dichter und Maler kamen von überall her, um den Herrschern auf Rheinfels ihre Aufwartung zu machen. Neben den Mitgliedern der Grafenfamilie und ihren persönlichen Bediensteten lebten hier auch zahlreiche adelige Hofjungfrauen und -knaben, die vom Burgherrn in höfischen Sitten ausgebildet wurden. Darüber hinaus war Rheinfels Aufbewahrungsort des berühmten Katzenelnbogener Schatzes mit seinen kostbaren Gold- und Silberkleinodien sowie zahlreichen losen Edelsteinen.

Gegen 1370 errichtete Wilhelm II. von Katzenelnbogen auf der gegenüberliegenden Rheinseite eine weitere Burg, **Neukatzenelnbogen** oder auch kurz **„Katz"** genannt. Damit besaßen die Grafen bei St. Goar einen starken, strombeherrschenden Festungsriegel, mit dessen Hilfe der Rhein von zwei Seiten abgesperrt werden konnte. Die neue Burg sollte darüber hinaus den territorialpolitischen Aktivitäten der Trierer Erzbischöfe Einhalt gebieten,

Blick von einem Weinberg auf die Festung Rheinfels. 1843 gelangte die Ruine in den Besitz des Prinzen Wilhelm von Preußen.

die seit 1356 in Sichtweite von Rheinfels die **Deuernburg** – auch als Burg Petersеck, Thurnberg oder **„Burg Maus“** bekannt – bauten. Der 1388 fertiggestellte Stützpunkt der Erzbischöfe gehörte zu den fortschrittlichsten Burganlagen der damaligen Zeit. Mit ihrem komfortabel ausgebauten Palas und der eleganten Fassade stellte die Deuernburg viele andere Rheinburgen in den Schatten. Die Grafen von Katzenelnbogen nannten die erzbischöfliche Feste allerdings nur verächtlich eine „Maus“, die ihre „Katz“ schon fressen würde.

Die Deuernburg war den Herren von Rheinfels schon allein deswegen ein Dorn im Auge, da es dem Trierer Erzbischof Balduin von Luxemburg zu Beginn des 14. Jahrhunderts gelungen war, die Grafen mit Gewalt um den Besitz der strategisch wichtigen ehemaligen Reichsburg **Sterrenberg** oberhalb von Kamp-Bornhofen zu bringen. Die um 1040 im Auftrag des salischen Königshauses entstandene Anlage zählt zu den ältesten Höhenburgen am Rhein und lag schwer einnehmbar am Ende eines schmalen Felsgrates. Mit der Übernahme der Burg vereitelte Balduin von Luxemburg den Versuch der Grafen, auch das nördlich von St. Goarshausen liegende rechte Rheinufer geschlossen dem Katzenelnbogener Herrschaftsbereich einzuordnen.

Um Sterrenberg gegen die nur 150 Meter entfernte Burg der Herren von Liebenstein zu schützen, die gegen 1290 möglicherweise als Vorposten von Sterrenberg entstanden war, ließ der Trierer Erzbischof seinen Stützpunkt über Kamp-Bornhofen

Burg Neukatzenelnbogen – kurz „Katz“ – bei Sankt Goarshausen wurde im 14. Jahrhundert von Graf Wilhelm von Katzenelnbogen zur Absicherung des Rheinübergangs zu St. Goar erbaut. 1806 wurde sie schwer zerstört, jedoch Ende des 19. Jahrhunderts wiederaufgebaut.

Die Burg Maus oberhalb von St. Goarshausen-Wellmich. Auf der Burg wird heute ein Adler- und Falkenhof betrieben.

Burg Liebenstein bildet zusammen mit der benachbarten Burg Sterrenberg die sogenannten „feindlichen Brüder" auf der rechten Rheinseite bei Kamp-Bornhofen im Mittelrheintal.

Burgruinen Sterrenberg und Liebenstein in einer alten Ansicht: „Kloster Bornhofen und die Schlösser Liebenstein und Sternenfels", Radierung von Johann Ziegler (1750–1812).

„Du sollst Rheinfels haben, denn du trinkst gerne" – mit diesen Worten soll Philipp der Großmütige, hier auf einem Porträt um 1534 von Hans Krell, seinem Sohn die Burg Rheinfels vererbt haben.

mit einer massiven zweiten Schildmauer ausstatten. Diese ungewöhnliche, doppelte Befestigung lieferte Stoff für zahlreiche Legenden. Vor allem die Geschichte der „Feindlichen Brüder" ging in alle rheinischen Sagensammlungen ein. Sie handelt von den zwei Söhnen eines reichen Bopparder Edelmannes, die sich beide in das Mündel ihres Vaters, die mittellose Hildegard Brömser, verliebten. Heinrich, der ältere Bruder, bemerkte bald, dass Hildegard ihm zwar als Freund und Berater zugetan war, ihr Herz jedoch Konrad gehörte. Unter Verzicht auf sein eigenes Glück unterstützte er daher die Verbindung zwischen den beiden. Der Vater ließ angesichts der Hochzeitspläne von Konrad und Hildegard die direkt nebeneinander liegenden Burgen Liebenstein und Sterrenberg errichten, die den Brüdern als zukünftige Wohnsitze dienen sollten. Heinrich schloss sich jedoch, von Liebeskummer geplagt, den Kreuzfahrern an. Die Kunde von seinen Heldentaten im fernen Orient drang auch bald ins heimatliche Boppard. Danach konnte nichts mehr – nicht das Flehen Hildegards und auch nicht die vernünftigen Worte des Vaters – den lebenslustigen, aber unbeständigen Konrad davon abhalten, sich ebenfalls den Kreuzfahrern anzuschließen, um seinem Bruder gleich zu Ehre und Ruhm zu kommen. Monate vergingen, ohne dass Hildegard eine Nachricht von ihrem Verlobten erreichte. Ruhelos hielt sie jeden Tag von den Zinnen der Burg herab Ausschau. Als sie eines Tages einen Ritter mit seinem Gefolge den Berg heraufreiten sah, machte ihr Herz einen Sprung. Es war jedoch Heinrich, der zurückkehrte und nicht sein jüngerer Bruder. Erst Monate später traf auch Konrad auf der väterlichen Burg ein, an seiner Seite eine hübsche, dunkelhaarige Ehefrau mit feurigen Augen. Hildegard, die wie jeden Tag an ihrem Aussichtspunkt gestanden hatte, brach bei diesem Anblick hilflos zusammen. Heinrich fand die junge Frau später zusammengekauert und zitternd auf einem Mauerstück. Angesichts des schändlichen Verhaltens seines Bruders packte ihn ein tiefer Schmerz. Noch am selben Tag errichtete er eine Mauer zwischen Burg Liebenstein und Sterrenberg und forderte Konrad zum Duell. Am nächsten Morgen traten sich die beiden Brüder am Fuß der Felsen gegenüber. Als sich ihre Schwerter kreuzten, warf sich Hildegard, weiß verhüllt, zwischen sie und beschwor sie, die Waffen fallen zu lassen. Die verzweifelte Stimme der jungen Frau traf beide Männer tief ins Herz und stumm trennten sie sich von einander. Hildegard entsagte der Welt und ging ins Kloster Marienberg. An dem Tag, an dem die Glocken des Klosters ihren Tod verkündeten, ging der Legende nach auch Heinrichs Leben zu Ende.

1479 starb das Geschlecht der Grafen von Katzenelnbogen in männlicher Linie aus. Der letzte Graf, Philipp der Ältere, war territorialpolitisch und finanziell einer der erfolgreichsten seiner Dynastie, in vielerlei anderer Hinsicht jedoch vom Unglück verfolgt. Seine Ehe mit Anna von Württemberg wurde kirchlich getrennt. Der Überlieferung zufolge tyrannisierte sie Hofleute und Bedienstete und vernachlässigte die Kinder. Angesichts eines fehlenden männlichen Erbens heiratete der Graf in hohem Alter die junge Witwe Anna von Braunschweig, auf die jedoch kurz nach der Eheschließung ein Giftanschlag verübt wurde. Zwar überlebte die junge Frau; an eine Schwangerschaft war jedoch nicht mehr zu denken. Philipp vermachte daher die gesamten Katzenelnbogener Besitztümer samt der Burg Rheinfels dem Landgrafen Heinrich III. von Hessen-Marburg, dem Ehemann seiner Tochter.

Diese reiche Erbschaft begründete den politischen und wirtschaftlichen Aufstieg des Hauses Hessen. Unter Landgraf Philipp II. von Hessen-Rheinfels, der als 11-jähriger in Mädchenkleidern am französischen Hof als Geisel festgehalten worden war, wurde Rheinfels im 16. Jahrhundert zu einem farbenfrohen Renaissanceschloss mit reich verzierten Fachwerkaufbauten umgestaltet. Philipp II. war für seine Geselligkeit und Freigiebigkeit bekannt. Der Vater hatte ihm, dem jüngsten Sohn, die Burg vermacht mit dem Hinweis, „Lipps, du sollst Rheinfels haben, denn du trinkst gerne“. Bei seinen Ausritten umringten ihn die Kinder der umliegenden Ortschaften, um ein kleines Lösegeld zu „erpressen“. Berühmt waren auch seine großzügigen Geschenke an die weitläufige Verwandtschaft, wie mit Diamanten und Rubinen besetzte Zahnstocher.

Rheinfels in ungewöhnlichem Licht: Die Lichtinstallation im Rahmen der Luminale, einem alle zwei Jahre stattfindenden internationalen Festival für Lichtkultur, tauchte die Burg 2008 in schillernde Farben.

Spätgotisches Fresko aus dem nördlichen Seitenschiff der evangelischen Stiftskirche in St. Goar, das die Burg Rheinfels zeigt.

Burg Rheinfels ist heute im Besitz der Stadt St. Goar und wurde in den 90er-Jahren umfassend restauriert.

Philipps Gattin Anna Elisabeth gehört zu den interessantesten Frauengestalten ihrer Zeit. Sie war mit Leib und Seele der Apothekerkunst ergeben und betrieb sowohl auf Rheinfels wie auch auf ihrem späteren Witwensitz, dem Schloss Philippsburg bei Braubach, eine Apotheke. 1581 griff sie in Kaiserslautern schlichtend in einen Tumult ein und wurde dabei in den Arm geschossen. Die große Bibliothek der beiden Eheleute, mit theologischen und historischen Werken, Herbarien, Kräuter- und Konfektbüchern, spiegeln ihre vielseitigen Interessen wider.

Unter Graf Ernst von Hessen-Rheinfels wurde die Südseite der Burg Mitte des 17. Jahrhunderts um eine riesige Festung mit zahlreichen unterirdischen Minengängen erweitert, die Rheinfels in Richtung Hunsrück und damit in Richtung

Ein Weltkulturerbe geht um die Welt: Peer Steinbrück (r.) stellte 2006 auf dem Loreley-Plateau bei St. Goarshausen gemeinsam mit dem rheinland-pfälzischen Ministerpräsidenten Kurt Beck (l.), Mittelrhein-Weinkönigin Barbara Fendel (2.v.l.) und „Loreley“ Vanessa Seipel die Sondermarke „Oberes Mittelrheintal“ aus der Serie „Weltkulturerbe der UNESCO“ vor. Die Marke zeigt St. Goarshausen mit der Burg Katz.

Frankreich sicherte. Der Bau der Anlage verschlang enorme Summen: Zwei Millionen Taler aus Steuermitteln sowie 200.000 Taler aus der eigenen Tasche des Grafen. Dank dieser Wehranlage konnte die Burg 1692 im Pfälzischen Erbfolgekrieg als letzter deutscher Stützpunkt am linken Rheinufer erfolgreich gehalten werden. Mit nur 4.000 Mann setzte sich die Besatzung von Rheinfels gegen ein zahlenmäßig weit überlegenes Heer von 28.000 Franzosen durch. Tagelang feuerten die Truppen Ludwigs XIV. ergebnislos in die Festung hinein; beim Versuch, Rheinfels zu erstürmen, starben 4.000 französische Soldaten. Am 1. Januar 1693 zwang das herannahende Ersatzheer schließlich die Franzosen zum Abzug.

Gut einhundert Jahre später, 1793, sahen die Männer von Rheinfels allerdings keine Chancen mehr, die Festung gegen die modernen Feuerwaffen zu verteidigen. Rheinfels wurde ohne Gegenwehr der französischen Revolutionsarmee übergeben, die umgehend den Bergfried, das Palasgebäude und die südlichen Mauerteile sprengten. 1812 wurde die Ruine als französisches Staatseigentum an den Geschäftsmann Peter Glas aus St. Goar verkauft, der hier einen Weinberg anlegte und ein beliebtes Ausflugslokal eröffnete. Ab 1819 lieferte Peter Glas der preußischen Militärverwaltung Sandsteine aus den Fenstern des ehemaligen Renaissanceschlosses für den Wiederaufbau der Festung Ehrenbreitstein. Nach der Ausschlachtung aller verwertbaren Materialien bot er die „durch ihre Thoten so rühmlich gewordene“ Burg 1841 für 10.000 Taler Friedrich Wilhelm IV. zum Kauf an. Angesichts der ruhmreichen Rolle der Burg Rheinfels im Pfälzischen Erbfolgekrieg wies der König das rheinische Oberpräsidium an, Verhandlungen mit Glas aufzunehmen. Auch Kronprinz Wilhelm I. drängte: „Ich halte es für höchst wünschenswert, daß die bedeutsame Ruine dem Privatbesitz entzogen werde.“ 1843, nachdem es den preußischen Unterhändlern gelungen war, den Preis auf 2.000 Taler zu drücken, erwarb Wilhelm I. die Ruine mit der Zustimmung seines Bruders. Parallel zu den ersten Sicherungsarbeiten auf dem Burgplateau beauftragte Wilhelm I. einen Architekten, Pläne für einen Umbau der nach Ehrenbreitstein größten Festung des Mittelrheines zum romantischen Gartenschloss zu entwickeln. Diesen Plänen zufolge sollten die zum Rhein gelegenen Teile der Ruine rekonstruiert und anstelle des ursprünglichen Wohnbaus ein neues Schloss mit englischem Garten errichtet werden. Die wahrscheinlich von Carl Schnitzler angefertigten Entwürfe sind deutlich von neugotischen, englischen Schlössern wie dem 1822 fertiggestellten Leeds Castle und der kurz zuvor eröffneten Burg Stolzenfels beeinflusst. Offensichtlich plante der Kronprinz, in die Fußstapfen seines Bruders zu treten und ein zweites Stolzenfels entstehen zu lassen. Aus unbekannten Gründen wurde dieses gigantische Bauvorhaben jedoch nicht umgesetzt.

Seit 1925 ist die Burg Rheinfels im Besitz der Stadt St. Goar, die in den 1960er- und 1990er-Jahren umfassende Restaurierungsmaßnahmen vornehmen ließ. Im ehemaligen Fort Scharfeneck befindet sich seit 1973 ein Hotel, im sogenannten Frauenbau ist heute ein Burgmuseum untergebracht. Die gegenüberliegende Burg Katz ist seit 1989 in japanischem Privatbesitz. Sie war 1806 als eine der letzten Rheinburgen auf Befehl Napoleons gesprengt worden. Nach fast einhundert Jahren der Vernachlässi-

Das Rheintal bietet einmalige Aussichten: Blick auf Burg Katz mit dem Loreleyfelsen.

gung bauten die bekannten Kölner Architekten Emil Schreiter und Bernhard Below die Ruine ab 1896 zu einem vom Jugendstil geprägten Wohnsitz aus. Die mittelalterliche Bausubstanz wurde nur dort beibehalten, wo sie der repräsentativen Wohnraumnutzung nicht entgegenstand. Der unbefangene Umgang mit modernen Stilmitteln stieß bereits um 1900 auf erhebliche Kritik.

Während der Charakter von Burg Katz durch den Wiederaufbau stark verändert wurde, entspricht das heutige Aussehen der Deuernburg, besser bekannt als „Burg Maus“, dagegen weitgehend dem mittelalterlichen Erscheinungsbild. Ende des 18. Jahrhunderts stark verfallen, entging der ehemalige erzbischöfliche Stützpunkt der Zerstörung durch die Franzosen. Ihr Wiederaufbau wurde 1904 durch den Kölner Architekten Wilhelm Gärtner eingeleitet, der den ehemaligen Bischofssitz unter sorgfältiger Berücksichtigung der mittelalterlichen Originalmauern rekonstruierte. Lediglich die ursprünglichen Walmdächer wurden durch Flachdächer ersetzt.

Burg Sterrenberg galt bereits 1456 als „baufällig“, 1568 als „unbewohnbar“. Das heutige Aussehen geht vor allem auf umfassende Renovierungsarbeiten durch das Land Rheinland-Pfalz in den 1960er- und 1970er-Jahren zurück. In einem damals entstandenen gotisierenden Neubau ist heute ein Restaurant untergebracht, das allerdings nur in den Sommermonaten bewirtschaftet wird.

Die Marksburg in Braubach. Die Burganlage wurde im 13. Jahrhundert errichtet und gilt als einzige, nie zerstörte mittelalterliche Höhenburg am Mittelrhein. Heute befindet sich die Burg im Besitz der Deutschen Burgenvereinigung (DBV).

Authentisches Mittelalter – die Marksburg und der Königsstuhl

Wie die Festung Rheinfels fand auch die stromabwärts von Sterrenberg gelegene **Marksburg** das besondere Interesse Wilhelms I. Die vor 1219 entstandene Höhenburg gilt heute als die mittelalterliche Burg schlechthin und ist Vorbild für zahlreiche Spielzeugburgen. In Japan steht im Deutschen Kulturdorf Ueno seit den 1990er-Jahren ein originalgetreuer Nachbau der Burg. Die Wehranlage oberhalb von Braubach verdankt ihr heutiges Aussehen vor allem

Historisierendes Porträt und Wappen des Architekten und Burgenforschers Bodo Ebhardts auf einer Wandmalerei in Hohkönigsburg im Elsass. Ebhardt zeichnet für die umsichtige Restaurierung der Marksburg zu Anfang des 20. Jahrhunderts verantwortlich.

den Grafen von Katzenelnbogen, die 1283 in den Besitz der Burg kamen und sie im gotischen Stil umgestalten und erweitern ließen. Aufgrund ihrer geringen strategischen Bedeutung wurde die Marksburg als einzige Höhenburg des Mittelrheintals nie zerstört. Vernachlässigung führte seit dem 18. Jahrhundert zu einem schleichenden Verfall der Anlage, die von den Landgrafen von Hessen und ab 1803 vom Herzogtum Nassau als Invalidenhaus und Gefängnis genutzt wurde. Nach der Übernahme der nassauischen Rheingebiete durch Preußen 1866 befahl Wilhelm I. angesichts des schadhaften Zustandes der Feste, „Burg und Weg zu derselben in baulichem Stand zu erhalten“. Dank seiner Fürsprache erwarb im Jahr 1900 die „Vereinigung zur Erhaltung deutscher Burgen“ unter dem Geheimen Hofbaurat Bodo Ebhardt die verwahrloste Anlage für den symbolischen Preis von 1.000 Mark und setzte eine umsichtige Restaurierung in Gang. Durch sorgfältige Denkmalpflege ermöglicht sie heute mehr als viele andere Rheinburgen einen authentischen Blick in frühere Jahrhunderte.

Unweit von Braubach entstand in den 1840er-Jahren am linken Rheinufer mit dem Wiederaufbau des **Königsstuhls bei Rhens** das erste bürgerliche Denkmalprojekt zu Ehren Friedrich Wilhelms IV. In einem Nussbaumgarten am Rande von Rhens hatten sich einstmals die Kurfürsten des Reiches getroffen, um über den neuen römisch-deutschen König zu beraten. 1346 fand hier erstmals eine offizielle Königswahl statt, in deren Verlauf der Luxemburger Karl (IV.) von Böhmen zum Gegenkönig von Ludwig dem Bayern erklärt wurde. Ende des 14. Jahrhunderts ließ der inzwischen zum Kaiser erhobene Karl IV. in dem Nussbaumgarten für die Kurfürsten ein zweistöckiges, steinernes Podium errichten, das möglicherweise einen hölzernen Vorgängerbau ersetzte. In der Neuzeit geriet der Königsstuhl zunehmend in Vergessen-

Als Sinnbild nationalen Behauptungswillens zu Beginn des 19. Jahrhunderts wiedererrichtet: der Königsstuhl bei Rhens. Hier trafen sich im Mittelalter die Kurfürsten, um den deutschen König zu wählen.

heit. Angeblich ohnehin baufällig, ließen die Franzosen das Gebäude 1804 zugunsten eines Straßenbauprojektes abreißen und die Steine an die Rhenser Bürger verkaufen.

Ermutigt durch die Rheinreise des Kronprinzen Friedrich Wilhelm 1833 lenkte der Bürgermeister von Rhens die Aufmerksamkeit der rheinischen Provinzialbehörden auf den mittlerweile als Gemüsefeld genutzten geschichtsträchtigen Ort. Er bat die Regierung um finanzielle Unterstützung für eine würdigere Herrichtung des Platzes, da die Einwohner von Rhens keinen Sinn für die „Erhaltung alterthümlicher Denkwürdigkeiten" hätten. „Auch Se. Königl. Hoheit, unser Kronprinz", betonte er, „brachte bei seiner Durchreise im November v. Js., den Königsstuhl in Erwähnung, wir hätten ihm aber (...)

Die erste Königswahl am Königsstuhl fand 1346 bei der Wahl Karls IV. statt. Die Initiale aus der Goldenen Bulle, dem Reichsgrundgesetz Karls IV., zeigt den Kaiser inmitten mehrerer Bischöfe.

nur eine leere Stelle zeigen können.“ Planungen der preußischen Behörden, den Königsstuhl wiederzuerrichten oder ihm zumindest am historischen Platz ein Denkmal zu setzen, scheiterten jedoch am Erwerb des Baugrundstückes, das minderjährigen Erben gehörte.

Durch die Rheinkrise erhielt das Projekt wenige Jahre später eine zweite Chance. Die kriegerischen Stimmen aus Frankreich und der neue Rheinpatriotismus förderten nicht nur innerhalb der Regierung, sondern auch innerhalb des rheinischen Bildungs- und Besitzbürgertums das Interesse an den entlang des Flusses liegenden historischen Stätten. 1840 gründete der Schriftsteller Vincenz von Zuccalmaglio ein „Comité zur Wiederherstellung des Königsstuhls bei Rhense“, der als ehemaliger Wahlort der deutschen Könige – nach jahrhundertelanger Vernachlässigung – zum Sinnbild des nationalen Behauptungswillens gegenüber Frankreich wurde. Der Königsstuhl sollte nach Vorstellungen des Komitees zum Huldigungsgeschenk der Bürger an Friedrich Wilhelm IV. werden. Vincenz von Zuccalmaglio erklärte: „Unser allgeliebte König Friedrich Wilhelm IV. hat seine Anhänglichkeit an die Rheinlande und seine große Vorliebe für deren Bewohner nicht nur oftmals ausgesprochen, sondern dieselbe auch auf schöne Weise vielfach thätig bewiesen. (...) Dankbarkeit verpflichtet zur Gegenleistung. Dieselbe aber könnte wohl auf keine würdigere und bedeutsamere derartige Weise gefördert werden, als wenn das Rheinland, wie manche Provinz jüngsthin solche Denkmale errichtete, den Königsstuhl bei Rhense, dies von den Franzosen zertrümmerte Denkmal deutscher Unabhängigkeit und Macht zum Andenken an die Huldigung Unserem Könige wieder

Einst als Zollburg errichtet, kann Burg Lahneck – obwohl in Privatbesitz – heute von April bis November besichtigt werden.

aufführte." Mit Hilfe einer Spendenaktion gelang es dem Komitee, bis Anfang 1842 mehr als ein Drittel der veranschlagten Bausumme zusammenzubekommen. Der König sicherte dem Projekt in einem Brief seine finanzielle und materielle Unterstützung zu. Mit den Bauarbeiten wurde der Koblenzer Bauinspektor J. C. von Lassaulx beauftragt. Der von ihm rekonstruierte Königsstuhl weicht allerdings in vielen Bereichen – von der Wahl des Baumaterials bis hin zur Gestalt der Arkadenbögen – deutlich vom historischen Original ab. Am 15. Oktober 1843, dem Geburtstag des Königs, wurde der mit einem doppelhäuptigen Reichsadler verzierte Achteckbau Friedrich Wilhelm IV. als Dank für sein kulturelles Engagement in der Rheinprovinz übereignet.

Das Interesse der Bürger am Rhenser Königsstuhl erlosch allerdings bereits nach wenigen Jahrzehnten: 1929 musste das Gebäude einem Industriebetrieb weichen und befindet sich heute auf einer Anhöhe oberhalb der Stadt.

Burg Lahneck

Stromabwärts von Rhens, am nördlichen Portal des UNESCO-Welterbes, liegt am rechten Ufer die um 1230 errichtete **Burg Lahneck**, die gemeinsam mit dem Schloss Martinsburg im Spätmittelalter die nördlichste Enklave des Mainzer Kurfürstentums bildete. Der Sage nach suchten auf Burg Lahneck 1312 die letzten Angehörigen der vom französischen König Philipp IV. verfolgten und der Ketzerei angeklagten geistlichen Tempelritter Zuflucht, die hier in einem heldenhaften Kampf starben. Johann Wolfgang von Goethe war von dem Anblick der im 17. Jahrhundert zerstörten und seitdem dem Verfall überlassenen Burg so angetan, dass er ihr 1774 seinen berühmten „Geistesgruß" widmete.

In den 1850er-Jahren kam eine englische Touristin, die 17-jährige Idilia Dubb, auf der Burg ums Leben. Sie kletterte ohne Wissen ihrer Eltern zum Zeichnen auf den Bergfried, als hinter ihr die Treppe einstürzte. Trotz einer großen Suchaktion fand niemand das eingesperrte Mädchen; Wanderer hielten ihr verzweifeltes Winken für einen freundlichen Gruß. Erst 1862, durch den vom englischen Eisenbahnunternehmer Edward Moriarty begonnenen Wiederaufbau der Ruine, entdeckten Arbeiter das Skelett des Mädchens sowie einige Seiten ihres Tagesbuchs, auf denen sie ihr grausames Ende festgehalten hatte. „In Todesangst", schrieb sie an einem ihrer letzten Tage, „habe ich angefangen, lose Steine mit den Nägeln aus dem Mörtel zu lösen, um sie zu Stufen aufzuthürmen. Meine Finger bluteten furchtbar dabei und als ich einmal im Schmerz nach dem Munde fuhr und die warme Flüssigkeit spürte, hätte ich mich selbst in Stücke reißen können, um mein Blut zu trinken. Mein Blut that mir so wohl! Ach, Gott! Es war seit achtundvierzig Stunden meine einzige Nahrung".

1907 erwarb der Vizeadmiral der kaiserlichen Marine, Robert Mischke, die Burg. Seitdem ist die an der Lahnmündung gelegene Wehranlage im Besitz seiner Familie.

Mit dem Tod Idilia Dubbs ist Burg Lahneck selbst im 19. Jahrhundert noch mit einer Geschichte großer menschlicher Tragik verbunden. „Ruine Lahneck" auf einem Stahlstich um 1850.

Burg Stolzenfels – die preußische Rheinromantik

Schloss Stolzenfels wurde Anfang des 19. Jahrhunderts von Karl Friedrich von Schinkel für Friedrich Wilhelm IV. auf den Trümmern der alten Wehranlage errichtet.

Kaum eine Burg im Rheintal steht so für die preußische Rheinromantik wie Schloss Stolzenfels. Als die Preußen die Herrschaft am Rhein übernahmen, bestand die rund 550 Jahre alte Burganlage nur noch aus einem Haufen Ruinen. Sie erhoben sich in beherrschender Lage, hoch auf einem Bergsporn gegenüber der Lahnmündung. Ein Halsgraben trennte die Wehranlage vom dahinterliegenden Hang. In der Neujahrsnacht 1814 überquerten hier russische Truppen unter General Graf de St. Priest auf ihrem Weg nach Paris den Rhein. Nur wenige Jahre später, als die Rheinlande bereits ins preußische Staatsgebiet aufgenommen worden waren, schenkte die Stadt Koblenz 1823 dem jungen Kronprinzen Friedrich Wilhelm die Ruine.

Wie Schlegel es einst so trefflich beschrieben hatte, galten die geschichtsträchtigen Bauten dem jungen Prinzen als Teil einer von einem höheren Wesen geschaffenen Komposition: „Überall belebt durch die geschäftigen Ufer, immer neu durch die Windungen des Stroms, und bedeutend verziert durch die kühnen, am Abhang hervorragenden Bruchstücke alter Burgen, scheint diese Gegend mehr ein geschlossenes Gemälde und überlegtes Kunstwerk eines bildenden Geistes zu sein, als einer Hervorbringung des Zufalls zu gleichen.“ Die neuen preußischen Herrscher sahen es deshalb als ihre Aufgabe an, an diesem Gesamtkunstwerk „Rheinlandschaft“ weiterzubauen.

Burg Stolzenfels war Mitte des 13. Jahrhunderts als Grenzbollwerk entstanden. Der Mainzer Erzbischof hatte an der nördlichen Grenze seines Territoriums um 1232 die rechtsrheinische Burg Lahneck erbauen lassen. Auf der gegenüberliegenden Rheinseite, in Sichtweite der Burg Lahneck, ließ daraufhin sein Trierer Amtsbruder Arnold von Isenburg, dort wo sein Herrschaftsgebiet an Kurmainz, Kurköln und die Pfalz stieß, als eigene Grenzfestung Burg Stolzenfels errichten. Im 14. Jahrhundert entfaltete sich Burg Stolzenfels zu einem wichtigen Machtzentrum des Reiches. Von hier aus wurde der Rheinzoll für das Kurfürstentum Trier erhoben, und mehrmals trafen sich rheinische Erzbischöfe und Kurfürsten auf der Burg. Immerhin zweimal, in den Jahren 1346 und 1400, erhoben sie danach im benachbarten Rhens einen von ihnen Erwählten zum römisch-deutschen König.

Zwischen 1388 und 1418 erweiterten die bischöflichen Landesherren die Anlage um einen Wohnturm und einen Palas zur Rheinseite hin, und als Ulrich von Manderscheid 1436 im Streit um das Erzbistum Trier abgesetzt wurde, verbannte der Papst ihn auf die Burg bei Koblenz. In den nachfolgenden Jahrhunderten kam es noch zu einigen Ausbesserungsarbeiten an den Bauwerken, doch die besten Zeiten der Burg waren bereits vorüber. Schon 1412 verlegte der Erzbischof die Rolle der Zollburg rheinabwärts nach Burg Kunostein, die einst an der Stelle des später errichteten Schloss Engers stand. Die mit zahlreichen Burglehen ausgestattete Burg Stolzenfels diente daraufhin den finanziell oft klammen Erzbischöfen als Pfandobjekt. In den Wirren des Dreißigjährigen Krieges übernahmen mehrmals abwechselnd Franzosen und Schweden Burg Stolzenfels, und als die Franzosen 1688 erneut, wenn auch erfolglos, Koblenz belagerten, äscherten sie die Burg endgültig ein. Gut 150 Jahre diente die Anlage als Steinbruch für Bauvorhaben in der Nähe, bis Napoleon die Ruine 1802 der Stadt Koblenz übergab und die Stadt sie später Kronprinz Friedrich Wilhelm schenkte.

Über die mittelalterlichen Anlagen der Burg Stolzenfels weiß man heute gut Bescheid, denn Friedrich Wilhelm ließ vor Beginn der Baumaßnahmen eine Bestandsaufnahme machen und ein Korkmodell der Ruinen anfertigen. Inspiriert von Burg Rheinstein, die sein Cousin und Freund Prinz Friedrich seit 1823 zu einer Sommerresidenz umgestalten ließ, erwog der Kronprinz die Errichtung einer Wohnung in der alten Anlage. Zuerst ließ er vom Koblenzer Bauinspektor Johann Claudius von Lassaulx Pläne anfertigen, der zu etwa derselben Zeit die kleine, neuromanische Pfarrkirche St. Menas für die katholische Kirchengemeinde von Stolzenfels errichtete. Die Pläne legte er Karl Friedrich von Schinkel vor, der daraufhin eigene, weiter

Bei diesem Anblick mochten die Zeitgenossen Friedrich Wilhelms IV. sicher an eine „göttliche Komposition" der Rheinlandschaft glauben: Stolzenfels auf einem Stahlstich um 1850 von Johann Poppel.

Die Tochter des Schatzmeisters

In der Zeit, als der Rheinzoll Kurtriers von der Stolzenfels aus erhoben wurde, soll sich die Geschichte von dem betrügerischen Alchemisten zugetragen haben, der es auf die lukrativen Einkünfte abgesehen hatte. Eines Abends begehrte ein Pilger Einlass in der Burg und wurde gastfreundlich von dem Schatzmeister des Trierer Erzbischofs Werner von Falkenstein (ca. 1355–1418) aufgenommen. Der Pilger, ein hinterhältiger und gemeiner Geselle, verwirrte dem Schatzmeister mit zahllosen Versprechungen den Verstand: Gold wollte er ihm durch seine geheimen Künste gewinnen und als Einsatz verlangte er silberne und andere Schätze des Schatzmeisters und seines Herrn, des Erzbischofs. Das ging so eine Weile: Der Schatzmeister brachte Gold und Silber, der falsche Pilger versuchte sich in allerlei Zauberei, doch ohne sichtbare Erfolge, bis sich eines Tages der Erzbischof ankündigte. Die Not des Schatzmeisters war groß. Denn wie sollte er seinem Herrn unter die Augen treten? Er bedrängte seinen Gast, doch jener wies alle Schuld von sich: Der ausbleibende Erfolg sei allein ihm selbst zuzuschreiben, denn eine wichtige Zutat der Rezeptur, das Blut einer Jungfrau, hätte der Schatzmeister bisher nicht beigebracht.

Nun besaß der Schatzmeister eine liebliche, tugendhafte Tochter, die ihrem Vater auf der Burg Gesellschaft leistete. Sie hatte heimlich an der Türe gelauscht und beschloss, ohne sein Wissen ihr Leben für das Wohl des Vaters zu opfern. So vereinbarte sie mit dem Alchemisten ein nächtli-

Ob als tatsächlicher Schauplatz der Geschichte oder in zahlreichen Legenden, Burg Stolzenfels regte stets die Fantasie der Besucher des Rheintals an. Dieses Illustration aus dem 19. Jahrhundert zeigt Kaiser Friedrich II., wie er 1235 bei Stolzenfels seine Braut Isabella, Tochter von Heinrich III. von England, empfängt.

ches Treffen in seiner Kammer, bei dem ihr Blut seine Mixturen endlich in Gold verwandeln sollte. Am selben Tag traf der Erzbischof auf der Burg ein, mit zahlreichen jugendlichen Rittern im Gefolge. Einer der Jünglinge verliebte sich auf den ersten Blick in die holde Tochter des Schatzmeisters. Schlaflos verbrachte er die Nacht an seinem Fenster und blickte sehnsüchtig nach dem Kammerfenster der Angebeteten. Als diese sich aber gegen Mitternacht zur Kemenate des Alchemisten schlich, folgte er ihr leise. Der böse Alchemist war nun selbst von der Schönheit des Mädchens angetan und begehrte nicht nur ihr Blut, sondern auch ihre Unschuld. Tugendhaft und keusch wie sie war, wies sie den Niederträchtigen ab. Gerade wollte sie Hand an sich legen, als der vor der Tür lauschende Ritter hereinstürzte und dem Mädchen das Messer aus der Hand schlug. Der Alchemist jedoch ergriff gedankenschnell die Flucht. Die Reichtümer des Schatzmeisters und Erzbischofs nahm er mit sich. Am nächsten Morgen trat der junge Ritter vor den Schatzmeister, berichtete das Vorgefallene, hielt um die Hand der Tochter an und stellte ihm als sein Schwiegersohn seine Börse zur Verfügung, um die Verluste des Erzbischofs auszugleichen. Gerührt drückte der Vater den edlen Ritter an die Brust. Am selben Tag fanden einige Fischer jedoch die Leiche des ertrunkenen Alchemisten in den Fluten des Rheins. Seine Börse trug er bei sich. Das Geld wurde dem Erzbischof ausgehändigt. Großzügig vergab dieser seinem Schatzmeister, der eine freimütige Beichte abgelegt hatte, und sogleich wurde Hochzeit gefeiert zwischen Elsbeth, so lautete der Name der schönen Tochter, und dem edelmütigen Ritter.

Die Ruine Stolzenfels: 1689 wurde die Burg von den Franzosen in Schutt und Asche gelegt. Der Stahlstich zeigt die Wehranlage in ihrem Zustand vor 1825.

Der Architekt des Königs: Karl Friedrich von Schinkel (1781–1841) auf einem Gemälde von 1832 von Carl-Friedrich Schmid.

Der „mittelalterliche" Gesamteindruck war für die Baumaßnahmen des 19. Jahrhunderts ausschlaggebend. So entstand unter Friedrich Wilhelm IV. das Schloss als „neugotischer Traum am Rhein".

gehende Entwürfe machte. Nach einigem Hin und Her – wobei man auch erwog, die Ruine lediglich gärtnerisch zu gestalten –, beauftragte der König 1836 schließlich Schinkel damit, „auf alten Grundmauern ein den Bedürfnissen der jetzigen Zeitverhältnisse entsprechendes vollständiges Ganzes wiederherzustellen". Die alten Entwürfe waren inzwischen verschollen, sodass Schinkel neue Pläne zeichnete, die einen umfangreichen Auf- und Ausbau der gesamten Burg vorsahen, einschließlich des Bergfrieds und der Zwingmauern. Als Schinkel 1841 starb, übernahmen August Stüler, Ludwig Persius und Heinrich Strack die Oberaufsicht über die Baumaßnahmen. Im Zentrum der Arbeiten stand, auch wenn die alte Bausubstanz so weit wie möglich geschont werden sollte, von Anfang an nicht die originalgetreue Wiederherstellung der mittelalterlichen Burg. Konkrete Vorstellungen zum Denkmalschutz, wie wir ihn heute kennen, und Bedenken gegen die Uminterpretierung des vorgefundenen historischen Materials formierten sich erst in der zweiten Hälfte des 19. Jahrhunderts. So entstand das neue Schloss Stolzenfels als „neugotischer Traum am Rhein“, wie es bei zeitgenössischen Betrachtern hieß. Zinnen und Friese dienten nicht mehr der Wehrhaftigkeit, sondern der Dekoration. Die typisch mittelalterlichen Steildächer empfand man als störend für den Gesamteindruck und ersetzte sie kurzerhand durch flache, hinter Zinnen verborgene Dachkonstruktionen. Nach Schinkels Plänen wurden Wohnturm und Palas wiedererrichtet. Auf ausdrücklichen Wunsch des Kronprinzen bekam letzterer im Hauptgeschoss einen prachtvoll ausgestatteten Rittersaal nach dem Vorbild des sogenannten Remters der Marienburg in Westpreußen. Im Wohnturm fand zusätzlich ein kleiner Rittersaal Platz. Nach dem Wiederaufbau des Osttrakts entstand auf der gegenüberliegenden Seite des Burghofes eine neue Vorburg zur Unterbringung von Dienerschaft, Pferden und Kutschen. Schließlich wurde um 1845 nach Plänen von Ingenieurmajor Karl Schnitzler auf der Rheinseite eine Kapelle angefügt, die als eines der wichtigsten Werke neugotischer Kirchenbaukunst gilt. So entstand auf dem alten Mauerwerk letztlich ein völlig neues Gebäude, das in seiner Geschlossenheit Vielen als einzigartiges Denkmal für die preußische Rheinromantik des zweiten Viertels des 19. Jahrhunderts gilt.

Der Rheinseite zugewandt wurde 1845 nach Plänen von Karl Schnitzler die Kapelle errichtet – ein bedeutendes Werk der Neogotik.

Am 14. September 1842 zog der inzwischen zum König gekrönte Friedrich Wilhelm IV. mit seinem Gefolge in feierlichem Fackelzug und mittelalterlichen Gewändern auf die Burg ein. Der König wählte auch in den folgenden Jahren die Stolzenfels noch des Öfteren als Aufenthaltsort, und nach seinem Tod wohnte seine Frau Elisabeth von Bayern (1801–1873) einige Male auf der Burg über dem Rhein. Immerhin bot Burg Stolzenfels einem Hofstaat von bis zu 60 Personen Platz, wenn auch mehr schlecht als recht. Befreundete Monarchen kamen. Schon bald nach der Eröffnung machte König Wilhelm II. von Holland seinem deutschen Kollegen auf Schloss Stolzenfels seine Aufwartung. Im August 1845 besuchte die englische Königin Victoria für drei Tage das Schloss und befand es als „quite loveley, so beautifully furnished". Ihr zu Ehren fand im großen Rittersaal ein Konzert statt, an dem die berühmte schwedische Sopranistin Jenny Lind, der österreichische Klaviervirtuose und Komponist Franz Liszt und der preußische Generalmusikdirektor, Dirigent und Tonsetzer Giacomo Meyerbeer mitwirkten. Die russische Zarin gab sich im Juni 1852 die Ehre.

Der König öffnete sein Jagdschloss schon bald für Besucher. Seit 1844 gab es regelmäßige Führungen im Schloss, bald erschienen auch erste Schlossführer und aquarellierte Innenansichten, um die Burg noch populärer zu machen. So diente die Stolzenfels nicht nur als Sommerresidenz, sondern stand auch für das Wirken der Preußen am Rhein und war Teil einer preußischen Kulturpolitik. Ein Wandbild über dem inneren Tor des Hochschlosses würdigt bis heute mit dem Bayrisch-Preußischen Allianzwappen das Herrscherpaar und die Hausherren des Schlosses als echte Erben des alten Reiches. Darüber weisen die Darstellung der Porta Nigra in Trier und des Kölner Domes auf die wichtigsten Objekte der preußischen Baumaßnahmen und Denkmalschutzbemühungen im Rheinland hin. Im Inneren stellen die Glasmalereien der Fenster die mittelalterliche Ruine dem Wiederaufbau nach Schinkels Plänen gegenüber.

Sein Herrschaftsverständnis verdeutlichte Friedrich Wilhelm IV. in den Ausmalungen im kleinen Rittersaal. Der Maler Hermann Anton Stilke, ebenfalls von der Düsseldorfer Kunstakademie, schuf für den Saal zahlreiche Szenen aus der Geschichte mittelalterlicher deutscher

Im Sommer 1845 besuchte Queen Victoria Schloss Stolzenfels und war begeistert von der romantischen Burganlage und deren Einrichtung. Im großen Rittersaal, hier im Bild, lud Friedrich Wilhelm IV. ihr zu Ehren zu einem Konzert.

Auf Windsor Castle befindet sich dieses wunderschöne Aquarell von 1847 von Carl Graeb: „Schloss Stolzenfels: Der Salon der Königin nach Norden gesehen".

Reiseführer des 19. Jahrhunderts: Außentitel des Baedekers von 1854 – „Die Rheinlande von der Schweizer bis zur Holländischen Grenze".

Tradition und ritterliche Tugenden auf Stolzenfels

Gerechtigkeit – Rudolf von Habsburg hält Gericht über die Raubritter.

Poesie – Minnesänger begleiten Philipp von Schwaben bei der Rheinfahrt.

Glaube – Gottfried von Bouillon hängt in der Grabeskirche seine Waffen auf.

Könige und setzte den Burgherrn so in die Tradition der althergebrachten ritterlichen Tugenden wie Tapferkeit, Treue, Minne, Gesang, Gerechtigkeit und Beharrlichkeit. Einen Teil seiner Sammlung blank geputzter Ritterrüstungen und Waffen ließ Friedrich Wilhelm zu hübschen Ornamenten geordnet an die Wände anbringen. Außerdem brachten die Hausherren eine umfangreiche Sammlung historischer Kunstwerke in dem Schloss unter. Zum Teil stammten diese aus den Magazinen der Berliner Schlösser, doch auch Glanzstücke aus der Region wurden sorgfältig aufbewahrt. Der wertvolle Schreibsekretär des Trierer Kurfürsten aus dem beginnenden 18. Jahrhundert stand für Kontinuität und legitimierte die Herrschaft der preußischen Könige. Befreundete Königshäuser brachten Gastgeschenke. Auch erhielt der König bei ausgedehnten Reisen durch die neuen und alten Teile Preußens ausgefal-

Im Bilderzyklus im kleinen Rittersaal lässt sich das Herrschaftsverständnis des preußischen Monarchen entdecken. Dargestellt sind u.a. die ritterlichen Tugenden wie Tapferkeit, Treue und Gerechtigkeit.

Blick in eines der Gemächer auf Schloss Stolzenfels. Die königliche Auswahl der Möbel und Kunstgegenstände, die auf der Burg zu finden sind, lassen einen harmonischen Eindruck einer in Jahrhunderten gewachsenen Raumausstattung entstehen.

lene Präsente: Bei der Grundsteinlegung zum Weiterbau des Kölner Doms überreichte ihm der Modelleur Gustav von Göricke ein großes Modell des Doms aus Tragantzucker. Bis heute ist das imposante Naschwerk erhalten geblieben. Außerdem erwarb der König wertvolle Kunstgegenstände aus den Werkstätten zeitgenössischer Künstler und Handwerker, sodass die Zusammenstellung aus historischen Gegenständen und neugotischem Mobiliar, alten und neuen Kunstgegenständen, wertvollen Bildwerken oder deren Kopien den Eindruck einer in Jahrhunderten gewachsenen Raumausstattung vermitteltet.

Die drei Bauleiter Stüler, Persius und Strack achteten bei ihren Arbeiten streng auf die stilsichere Gestaltung der Außenanlagen. Den tiefer gelegenen Hof im Norden der Anlage verwandelten sie nach den Plänen Schinkels in einen romantischen Pergolagarten, räumlich getrennt vom Burginnenhof durch eine Spitzbogenarkade. Wie eine Bühne öffnet sich die Arkade treppab zu dem ummauerten Gartenhof und gewährt so dem dort zu genießenden Blick über Rhein und Hang einen angemessenen Rahmen. Ein Tor in der Ringmauer lenkt den Blick auf die Festung Ehrenbreitstein, Ausdruck der Wehrhaftigkeit der preußischen Rheinlande. Ein leise plätschernder Springbrunnen ziert die Mitte des Gartens und erinnert an Patios maurischer Paläste. Im Keller des angrenzenden Palas öffneten sie die sogenannte Sommerhalle hin zu einer Rheinterrasse. Hier krönt ein imposanter, preußischer Adler mit ausgebreiteten Flügeln einen Brunnenpfeiler, ein Werk von Christian Daniel Rauch, Bildner zahlreicher Skulpturen im Auftrag der preußischen Könige.

In den eigentlichen Burgbereich gelangt man über eine Zugbrücke über den Hirschgraben, in dem noch zu Zeiten der Preußen das Damwild äste. Gleich hinter dem in der letzten Bauphase entstandenen Torturm liegt der äußere Burghof, der ebenfalls eine spektakuläre Aussicht auf

Spitzbogenarkaden geben den Blick in den verträumten Pergolagarten, der eigens zur BUGA 2011 neu angelegt wurde, frei.

Der genau geplante und säuberlich angelegte Pergolagarten bildet einen ästhetischen Gegenpol zur freien, scheinbar ungebändigten und „wilden" Natur des Rheintals, das man von Schloss Stolzenfels wunderbar überblicken kann.

In der Mitte des Pergolagartens unterstreicht der kleine Springbrunnen die Idee eines in sich abgeschlossenen, zur Besinnung einladenden Außenbereichs. Die Anlagen wurden nach den Plänen Schinkels gestaltet.

den Rhein erlaubt. So feierten die Architekten über zahlreiche Sichtachsen die majestätische Lage hoch über dem Rhein und den spektakulären Fernblick. Bei höfischen Festen und Empfängen vertiefte eine raffinierte Illumination das schwärmerische Empfinden für die kunstvolle Landschaftsinszenierung.

Ein atemberaubender Blick über die Schlosskapelle auf das Rheintal. Rechts im Bild ist der Brunnenpfeiler zu erkennen, der von einem preußischen Adler bekrönt ist, ein Werk Christian Daniel Rauchs.

Schloss Stolzenfels von Westen gesehen auf einem Aquarell, um 1845 von Georg Osterwald (1803–1884).

Mit der Gestaltung der Gartenanlagen außerhalb des umbauten Schlossbereichs beauftragte Friedrich Wilhelm IV. noch in den 1840er-Jahren seinen berühmten Landschaftsarchitekten Peter Joseph Lenné. Über neun Hektar entstand eine Parkanlage, die mit dem Schloss als Einheit konzipiert wurde. Über Serpentinen, durch eine bewaldete Schlucht und ein von Stüler entworfenes malerisches Viadukt führte Lenné den Aufstieg zum Schloss. Immer wieder eröffnen sich dem Besucher abwechslungsreiche Ausblicke auf das Rheintal. Die von Naumann und Schnitzler entworfene Klausenburg auf halber Strecke mit weiteren Wohnstätten fürs Dienstpersonal, verträumte Tore und Brücken, Lauben und Bänke sowie ein Turnierplatz belebten die romantische Szenerie. Brunnengrotte, künstliche Weiher und Wasserfälle verherrlichten die schöpferische Kraft der Natur. Der Park spiegelte im Kleinen, was das gesamte Mittelrheintal im Großen darzustellen schien. Nur, dass dieses „überlegte Kunstwerk" tatsächlich einem „bildenden Geist" entsprang und keiner

„Hervorbringung des Zufalls". Die ehemals die Parkanlage zierenden Skulpturen aus Mittelalter und Renaissance sind heute im Pergolagarten innerhalb der Burgmauern untergebracht.

Nach dem Ersten Weltkrieg ging Schloss Stolzenfels in den Besitz der preußischen Verwaltung der Staatlichen Schlösser und Gärten über. Mit Gründung der Bundesrepublik fiel es an das Land Rheinland-Pfalz. Die Rheinland-Pfälzische-Schlösserverwaltung gab seit 1963/64 mehrere Sanierungsmaßnahmen in Auftrag. So bekam das Schloss wieder den von Schinkel geplanten ockergelben Außenanstrich. Im Jahr 2000 gründete sich auf dem Schloss ein Förderverein, der es sich zur Aufgabe gemacht hat, das „Kronjuwel der Rheinromantik" als Gesamtkunstwerk zugänglich zu erhalten und zu fördern. Als Teil der Welterbestätte Oberes Mittelrheintal ist die Stolzenfels seit 2002 UNESCO-Weltkulturerbe. Zur BUGA 2011 wurden Schloss und Gartenanlagen Stolzenfels umfassend restauriert und sind nun wieder im alten Glanz der Öffentlichkeit zugänglich.

Das Idealbild einer mittelalterlichen Burg, so wie man sie sich nicht nur im 19. Jahrhundert vorstellte: Blick auf den Palas, die mit Zinnen bekränzten Dächer, den Burghof und die Burgkapelle der ehemaligen Wehranlage Stolzenfels.

Feste Ehrenbreitstein

Hoch über Koblenz und dem Rhein thront die Feste Ehrenbreitstein – eine der mächtigsten Festungen Europas und eine der spektakulärsten preußischen Bauvorhaben des 19. Jahrhunderts.

Strategisch günstig, auf einer Gebirgsnase gegenüber der Moselmündung, überragt eine der größten und mächtigsten Festungen Europas die Stadt Koblenz. Das auf 118 Meter über dem Fluss liegende Bollwerk war eines der spektakulärsten preußischen Bauvorhaben der ersten Hälfte des 19. Jahrhunderts. Sehr glücklichen Umständen ist es zu verdanken, dass sich die gemeinsam mit Gibraltar größte europäische Wehranlage bis heute so intakt erhalten hat.

Die Geschichte des Bergrückens begann schon in grauer Vorzeit. Ausgrabungen erzählen von einer ersten Besiedlung bereits 3000 v. Chr. Für die Jahre um 1000 vor unserer Zeitrechnung lassen sich erste Befestigungen nachweisen. Ein Palisadengraben entstand. Dann bewohnten Kelten,

Ehrenbreitstein auf einem nachkolorierten Kupferstich aus der Werkstatt des Matthäus Merian d. Ä. (1593–1650) aus der „Topographia Germaniae“ von 1646.

Germanen und Römer den Felssporn. Auch Letztere erkannten die strategisch günstige Lage der Anhöhe. Ein spätrömischer „Burgus“, also eine Burganlage des spätantiken Rheinlimes, sicherte die Moselmündung, die römischen Fernstraßen, den Brückenkopf über den Rhein und die nahegelegenen Erzvorkommen. Die römische Grenzziehung gegen die Barbaren konnte deren Vordringen bekanntermaßen nicht aufhalten, doch auch diese nutzten den strategischen Flecken. Funde alter Keramiken und Waffen erzählen von friedlicher Eintracht und kriegerischen Händeln.

Um die erste Jahrtausendwende ließ der Konradiner Ehrenbert aus dem Herrscherhaus der Salier erneut eine Burganlage errichten. Aus der ursprünglich nach ihm benannten Burg „Ehrenbertstein“ wurde später „Ehrenbreitstein“. Um 1020 fiel die Burg an das Erzbistum Trier, und mögen die Erzbischöfe auch fromme Männer gewesen sein, auch sie mussten sich in den mittelalterlichen Fehden behaupten: 1139 findet sich die erste urkundliche Erwähnung der Burg Ehrenbreitstein, zwischen 1152 und 1169 baute Erzbischof Hillin (ca. 1100–1169) die Burg zur Sicherung der Grenzen seines Herrschaftsgebietes und als Amtssitz aus. Er ließ einen gewaltigen Bergfried errichten und die Nordflanke durch den nach ihm benannten Hellengraben sichern. Im selben Jahrhundert entstand auf einer dem Burgberg vorgelagerten

Auch die Römer nutzten die strategisch günstige Lage des Bergrückens an Rhein und Mosel. Fragment einer römischen Wandbemalung aus einem römischen Haus aus der Nähe von Weißenthurm, aus der archäologischen Abteilung des Landesmuseums Koblenz.

„Vogel Greif" – die berühmte Kanone 1941 auf der Festung Ehrenbreitstein. Der „Vogel Greif" war 1524 in Frankfurt von Meister Simon im Auftrag des damaligen Trierer Kurfürsten Richard von Greiffenclau, dem Namensgeber, gegossen worden. Für einen einzigen Schuss benötigte man fast einen Zentner Pulver.

Museumsdirektor Ulrich Löber mit der Kanone im November 1984 im Landesmuseum auf der Festung Ehrenbreitstein. Die „Greif" war eigentlich nie im Einsatz, sondern diente eher als Symbol von Stärke und Macht. Sie wechselte mehrfach zwischen Deutschland und Frankreich.

Bergkuppe im Süden ein zweiter Turm, die Burg Helfenstein. Der Erzbischof übereignete das Bollwerk einem seiner Getreuen, der sich nach der Burg nannte. Die Helfensteiner standen zwischen dem 12. und 16. Jahrhundert in Notzeiten der Ehrenbreitstein zur Seite. Beim späteren Ausbau des Ehrenbreitsteins zur barocken Festung wurde Fort Helfenstein in die Anlage mit einbezogen.

Im „Liber annalium iurium", das um 1220 die Güter und Rechte des Erzbistums Trier verzeichnete, wird Ehrenbreitstein unter den besatzungsstärksten Trierer Landesburgen aufgeführt. Seit der zweiten Hälfte des 13. Jahrhunderts nutzten die Trierer Bischöfe die Burg immer häufiger als Nebenresidenz. Um 1500, Richard von Greiffenclau war inzwischen Erzbischof von Kurtrier, begann der Ausbau der Burg zu einer Festung. Steinerne Wehrwerke an der Nordfront des Ehrenbreitsteins trotzten nun den anstürmenden Feinden. Mitte des 16. Jahrhunderts erweiterten die bekannten Baumeister Maximilian und Johann Pasqualini erneut die Festungsanlage. Es entstand ein modernes Befestigungssystem mit Gräben, hohen Mauern und Bastionen. So beherrschten die Trierer Herren das Rhein-Mosel-Eck mit einer der ausgeklügeltsten Festungsanlagen der Zeit – ausgerüstet mit der modernsten Waffentechnik, wie mit dem berüchtigten „Vogel Greif", benannt nach Richard von Greiffenclau, eine der größten Pulverkanonen des 16. Jahrhunderts. Später pendelte die Kanone als Kriegstrophäe fast 200 Jahre zwischen Frankreich und Deutschland: 1799 nahmen sie die Franzosen mit, nach der Eroberung Frankreichs durch das Deutsche Reich 1940 brachten sie die Nationalsozialisten zurück, nur damit sie die siegreichen französischen Truppen 1945 im Triumphzug wieder nach Paris bringen konnten. Der französische Staatspräsident François Mitterrand und Bundeskanzler Helmut Kohl unterzeichneten schließlich 1984 auf dem Ehrenbreitstein einen Vertrag, der die Rückkehr der Kanone als Dauerleihgabe auf die Festung vereinbarte.

Zwischen 1626 und 1629 entstand das repräsentative Residenzschloss Philippsburg zu Füßen der Festung. Jetzt verlegten die Kurfürsten ihre Residenz vollständig vom unsicher gewordenen Trier auf den Ehrenbreitstein. Unter Kurfürst Johann Hugo von Orsbeck entstanden weitere Verwaltungsgebäude, eine Hofstraße im Tal und die Heilig Kreuzkirche. Ehrenbreitstein bekam den Charakter eines kleinen Residenzstädtchens. Von Balthasar Neumann und seinem Schüler Johannes Seiz stammen die im Auftrag Erzbischofs Franz Georg von Schönborns geschaffenen neuen Schönborn-Werke: ein Wall mit Graben, gedecktem Weg und Gegenminensystem. Außerdem entstanden Gerichtsgebäude, Krumm- und Marstall. Doch Ende des 18. Jahrhunderts war Schluss mit der rechtsrheinischen Residenz. 1786 zog Kurfürst Clemens Wenzeslaus ins neu errichtete Koblenzer Schloss auf die andere Rheinseite.

Jahrhundertelang diente die Festung als Residenz der Trierer Bischöfe. Kurfürst Clemens Wenzeslaus zog schließlich 1786 auf die andere Rheinseite in das neu errichtete Koblenzer Schloss. Kurfürst Clemens Wenzeslaus zu Pferd auf einem Gemälde um 1790.

Die eigentliche Festung hatte bis dahin schon einige Male die Besitzer gewechselt: 1632, im Dreißigjährigen Krieg, musste

Waren die verlassenen Festungsanlagen und Ruinen zu Beginn des 19. Jahrhunderts bereits ein beliebtes Motiv in der Kunst, so fanden Maler und Dichter nach dem Wiederaufbau durch die Preußen erst recht Gefallen an den alten Gemäuern. Koblenz und die Festung auf einem Aquarell von 1860 von Caspar Scheuren.

man sie französischen Truppen übergeben, nach einjähriger Belagerung zog 1637 der siegreiche Jan von Werth, auch der „Franzosenschreck" genannt, an der Spitze kaiserlicher Truppen wieder in die Festung ein. 1688, während des Pfälzischen Erbfolgekrieges, wurde die inzwischen in Reichsbesitz übergegangene Festung erneut durch französische Truppen belagert, konnte trotz einiger Einschüsse aber nicht eingenommen werden. Ein erneuter, erfolgloser Ansturm der Franzosen festigte endgültig den Mythos der unbezwingbaren Festung Ehrenbreitstein. In den Revolutionskriegen zwischen 1795 und 1799 belagerten französische Truppen mehrfach die Burg. Erst als sie die Wasserleitung zerstört und die Festung ausgehungert hatten, konnten sie die Besatzung zur Übergabe zwingen. Im Frieden von Lunéville 1801 fiel die Festung dennoch zurück an das Reich. Bevor die Franzosen abzogen, sprengten sie die Bastion und Schloss Philippsburg. Die Festungsanlagen verkamen in den folgenden Jahren zur Viehweide, die Schlossruine zum Steinbruch – ein pittoreskes Motiv der aufkommenden Rheinromantik. Immer wieder verherrlichten die rheinreisenden Maler und Dichter die alten Gemäuer in ihren Werken.

Mysteriöser Totenzug auf Schloss Philippsburg

Auf Schloss Philippsburg verlegt die Legende den seltsamen Totenzug, den einst der Schlossherr Johann Hugo von Orsbeck erlebte. Als der tieffromme Erzbischof sich am Dreikönigstag nach Erledigung seiner Amtsgeschäfte endlich um Mitternacht zur Andacht in die Schlosskirche begab, betrat er ein Reich der Toten. Er wohnte der Hochzeit seiner verstorbenen Eltern bei, begegnete heimgegangenen Verwandten und Bekannten und erlebte schließlich sich selbst, wie er einige Jahre zuvor ins Bischofsamt eingesegnet wurde. Entsetzt wollte er fliehen und fiel darauf in seiner Kammer in tiefen Schlaf. Als er am nächsten Tag erwachte, war der Spuk verschwunden, am Finger seines Kammerdieners aber entdeckte er den Trauring seiner Mutter, den er seit deren Tod verschwunden wähnte. Seit dieser denkwürdigen Nacht versäumte es der Schlossherr nie mehr, den Dreikönigstag mit Gebeten und Andacht zu heiligen. Genau zehn Jahre nach jener Nacht, am 6. Januar 1711, starb er. Da Trier in Folge des Spanischen Erbfolgekrieges von französischen Truppen besetzt war, wurde sein Leichnam, gemäß seinem Wunsch, in der hiesigen Kapuzinerkirche bestattet, seine Eingeweide kamen in die Heilig Kreuzkirche, während sein Herz im Speyerer Dom die letzte Ruhe fand. Allein die Eingeweide blieben in Ehrenbreitstein, denn 1715 wurden die Gebeine in den Trierer Dom überführt und vor dem Dreikönigsaltar bestattet.

Schloss Philippsburg wurde 1801 durch die Sprengung der Festung durch die Franzosen so schwer beschädigt, dass es abgerissen wurde. Erhalten blieben der Dikasterialbau und der Marstall.

Die britische Königsfamilie 1845 auf Rheinreise: Begrüßung der Königin Victoria von der Festung Ehrenbreitstein, Holzstich aus „Illustrirte Zeitung" vom September 1845.

Den Trierer Bischöfen galt der Ehrenbreitstein stets als unerschütterliche Bastion, in der sie in Krisenzeiten die Schätze des Landes in Sicherheit brachten. Zwischen 1376 und 1422 versteckten sie hier das Haupt des Heiligen Matthias, Patron des Bistums. In den unsicheren Zeiten der Kriege mit Frankreich brachten sie den „Heiligen Rock" zum Ehrenbreitstein; die Tunika Christi, die, der Legende nach, die Heilige Helena, gebürtige Triererin und Mutter Konstantins des Großen, auf ihrer Pilgerreise nach Jerusalem gefunden und ihrer Heimatstadt gestiftet hatte. Spätestens im 12. Jahrhundert entstand die Wallfahrt zum „Heiligen Rock" nach Trier und stets hüteten die Trierer die Reliquie wie einen Augapfel. Erstmals landete das Heilige Gewand im 17. Jahrhundert auf dem Ehrenbreitstein, und während der Revolutionskriege Ende des 18. Jahrhunderts befand sich der Rock häufiger auf der Festung bei Koblenz als im Dom zu Trier.

Gleich nach dem Wiener Kongress und der Flucht Napoleons von Elba befahl König Wilhelm III. den Aufbau der Festung Ehrenbreitstein. Sie befand sich in der geographischen Mitte einer antifranzösischen Fortifikationslinie, die von Wesel bis Rastatt reichte. Bis zu 6500 Handwerker und Tagelöhner trieben unter Leitung des preußischen Ingenieur-Offiziers Carl Schnitzler den gigantischen Bau voran und

machten ihn zwischen 1817 und 1828 zum rechtsrheinischen Ergänzungsstück der „Feste Koblenz“, des Festungsringes rund um die Stadt, zu dem auch die „Feste Kaiser Franz“ und die „Feste Alexander“ zählen. Koblenz wuchs so zur „schönsten preußischen Garnison“ heran, wie der alte Moltke anerkennend vermerkte. Als Queen Victoria im August des Jahres 1845 mit ihrem Gefolge in Koblenz das Dampfschiff verließ, um ein paar Tage auf Schloss Stolzenfels auszuspannen, feuerte man ihr zu Ehren von der Ehrenbreitstein und allen anderen umliegenden Forts einen gewaltigen Salut an Kanonenschüssen und Gewehrsalven; ein Empfang, der die Gäste aus England schwer beeindruckte.

Der hoch über dem rechten Rheinufer gelegene Ehrenbreitstein ist nur von Norden her zugänglich. Im Süden, Osten und Westen begrenzen ihn hohe Steilhänge. Die Preußen passten ihre Befestigungen im Wesentlichen den barocken Vorgängeranlagen an, sodass die Bauten auf barockem Grundriss in moderner Formensprache wiedererstanden. Lediglich die Schönborn-Werke wurden nicht wiederaufgebaut.

Im Nordosten der Festung, gleich hinter dem Feldtor, liegt auf der linken Seite der „Turm Ungenannt“. Eine Anekdote erzählt, dass am 20. Juni 1821 sowohl der preußische Prinz als auch der Sohn des russischen Zaren am Bau des Turmes mitwirkten. Höflich wie die beiden Prinzen waren,

Ein ausgeklügelter Festungsring entstand rund um die Stadt Koblenz. Blick auf die Ruine von Fort Asterstein. Die Bauzeit dieses auf der rechten Seite des Rheins liegenden Bauwerks fällt in die Jahre 1818 bis 1828.

Ehrenbreitstein begrenzen hohe Steilhänge, nur von Norden her ist die Anlage zugänglich.

wollte jeder dem anderen den Vortritt bei der Namensgebung lassen. Schließlich einigte man sich darauf, den Turm „Ungenannt" zu nennen und setzte damit der königlichen Bescheidenheit der beiden ein Denkmal.

Insgesamt schützen drei Verteidigungslinien die Anlage an ihrer Nordflanke: das Glacis, also eine leicht ansteigende Erdanschüttung vor dem Graben als Schussfeld mit gedecktem Weg; der Hauptgraben, der vom Ravelin aus, einem niedrigen Bollwerk in seiner Mitte, beschossen werden konnte sowie von den beiden Kontergarden links und rechts daneben; schließlich der „Retirierte Graben", der über einen Wall aus Rhein- und Landbastion, die mit einer sogenannten Kurtine verbunden sind, geschützt wurde. Neu war der zweigeschossige, lang gezogene Kasemattenbau, der sich an der „Langen Linie" an den „Turm Unbenannt" anschließt. So war, verglichen mit der kurtrierischen Festung, der Aufenthalt für die Soldaten nun verhältnismäßig komfortabel. Jeder besaß ein eigenes Bett in den Kasematten, die mit Ofenheizung und Fenstern ausgestattet waren.

Durchquert man die Verteidigungslinien mit ihren meterdicken und bedrohlichen Wehrmauern aus blankem Bruchstein, die je nach Bedarf über Tunnel, Brücken und Tore gegeneinander abgeriegelt oder miteinander verbunden werden konnten, öffnet sich überraschend der großzügig

Der 12 Meter hohe Festungsbau Ravelin mit dem Ehrenmal des Deutschen Heeres flankiert den Durchgang zum Schlosshof der Festung.

Die Festung verfügte über ein einzigartiges Verteidigungssystem. Hier der Blick auf die rechte Kontergarde.

Der helle Anstrich der Gebäude täuscht über den militärischen Nutzen der Festungsanlage hinweg.

angelegte Obere Schlosshof. Der hellgelbe Putz der klassizistischen Gebäude lässt den martialischen Charakter der Festung beinahe vergessen, und der großartige Blick auf Rhein und Mosel war schon im 19. Jahrhundert berühmt und ein beliebtes Ziel für Touristen, die über einen Felsenpfad von Unteroffizieren hierher geführt wurden. Doch der zivile Anschein täuscht. Die umliegenden Bauten wie die „Bastion Fuchs", die „Hohe und Niedere Ostfront", die „Große und Südtraverse", der „Südliche Abschnitt", der „Helfenstein", der „Wetterturm" und einige kleinere Festungsanlagen sicherten das Gelände nach den anderen drei Seiten hin und verweisen auf ihre militärische Bedeutung. Auf den zweiten Blick enthüllt bald jeder Winkel, jeder Stein, jede Treppe und jeder Gebrauchsgegenstand einen militärischen Zweck. Wohnstuben mit Herd dienten zugleich als Geschützstellungen, in Speise- oder Weinkellern lagerte das Pulver. Die Haken an den Wänden trugen im Verteidigungsfall statt Schinken Seilzüge für den Munitionstransport. Selbst die Festungskirche ließ sich mit wenigen Handgriffen zur Musketenbatterie umbauen.

Einst gehörte zur Festung Ehrenbreitstein noch das Festungssystem Niederehrenbreitstein mit einem nördlichen und südlichen Hornwerk, dem Neuwieder Tor, dem Kronwerk, Uferbatterien, einem verteidigungsfähigen Wagenhaus, dem Werk Klausenberg, der Ortsbefestigung Ehrenbreitstein, der Arzheimer Schanze und der Horchheimer

Torbefestigung. Die meisten dieser Anlagen mussten aber laut den Bestimmungen des Versailler Vertrags nach dem Ersten Weltkrieg geschliffen werden und sind heute nur noch in Resten erhalten.

In voller Gefechtsstärke befanden sich 1500 Mann und 80 Geschütze auf der Festung Ehrenbreitstein, und wegen außenpolitischer Ereignisse oder Revolutionen wurde insgesamt achtmal die gesamte Besatzung mobilisiert. Doch die Nagelprobe auf ihre Kriegstauglichkeit blieb der größten preußischen Festung erspart. Moderne Kriegsführung und Waffentechnik verdammten die Festung schon bald nach ihrer Vollendung zur strategischen Bedeutungslosigkeit. Nicht einmal im deutsch-französischen Krieg 1870/71 wurde sie in Kampfhandlungen verwickelt. Dennoch stand die gesamte Festung Koblenz bis 1890 im aktiven Dienst, auch wenn sie von den Militärs bereits seit 1886 als „Festung minderer Wichtigkeit" eingeschätzt wurde. 1890 begann die Auflassung der linksrheinischen Festungswerke. Die letzte Besatzung des Ehrenbreitsteins blieb immerhin noch während des Ersten Weltkrieges. Nach dem Krieg besetzten amerikanische Truppen den Ehrenbreitstein. Zwischen 1923 bis 1929 folgten ihnen französische Soldaten.

Obwohl militärisch längst unbedeutend, wäre auch die obere Festung beinahe den Entwaffnungsbestimmungen des Versailler Vertrages zum Opfer gefallen. Eingaben der Stadt Koblenz, des Rheinischen Vereins für Denkmalpflege und Heimatschutz, des Provinzialkonservators der Rheinprovinz und die Fürsprache des amerikanischen Besatzungsoffiziers General Henry T. Allen sorgten dafür, dass die Festung wegen ihrer kulturhistorischen, architektonischen und landschaftsprägenden Bedeutung verschont blieb. Nach Abzug der Franzosen war die Festung vor allem ein touristisches Ziel. Zwischenzeitlich züchtete ein findiger Landwirt Champignons in den Kellern.

Der Abzug der US-Truppen aus dem Rheinland: Hissen der französischen Flagge auf der Festung Ehrenbreitstein am 24. Januar 1923.

P. Tirard, Präsident der Rheinlandkommission (9.v.r.), mit den Generälen Allen (USA) (5.v.l.) und Mordaco auf der Festung Ehrenbreitstein bei Koblenz im Januar 1923.

Vom Herbst 1936 bis Juni 1939 nutzte eine Panzerabwehreinheit Landbastion und Hohe Ostfront als Kaserne. Während des Zweiten Weltkriegs lagerten in den Kasematten Kunstgüter und Archivbestände aus Koblenz, Köln und Wuppertal. Spätestens 1941 installierte man auf der Festung drei Flak-Geschütze als Teil der Luftverteidigung von Koblenz. Im Felsen unter dem Helfenstein entstand 1943 ein Luftschutzbunker, der bis zu 10.000 Menschen aus Ehrenbreitstein und den umliegenden Stadtteilen Schutz gegen Luftangriffe bieten sollte. Als die Zentrale der Gestapo in der Koblenzer Innenstadt 1944 ausgebombt wird, eröffnete sie Büroräume im Fort Helfenstein. Auch einzelne Gefangene setzte sie dort einige Tage fest. Am 27. März 1945 besetzten erneut amerikani-

Auf dem Weg vom Graben zum Schlosshof passiert man den Tunnel, der an militärischen Gebäuden wie dem Ravelin vorbeiführt. Aus der Tunnelwand rechts führen einige Türen zu verschiedenen Räumen, die ursprünglich als Magazin oder als Gefängnis genutzt wurden.

Das Ehrenmal des Deutschen Heeres am Ravelin ist Erinnerung und Mahnung zugleich.

sche Soldaten die Festung. Bewusst knüpften die Amerikaner an die Einnahme nach dem Ersten Weltkrieg an und holten dieselbe amerikanische Flagge, die nach dem Ersten Weltkrieg gehisst worden war, aus dem Kriegsmuseum in Washington D. C., um sie erneut feierlich auf der Ehrenbreitstein zu hissen.

Um 1946 richtete die Internationale Flüchtlingsorganisation ein Lager für Deportierte und ehemalige Zwangsarbeiter, sogenannte Displaced Persons, auf der Festung ein. Eine große Gruppe Ungarn, die nicht mehr in ihr inzwischen kommunistisch gewordenes Heimatland zurückkehren wollten, baute einen Teil des Kriegs-Pulvermagazins der Contregarde rechts zu einer katholischen Kapelle, der sogenannten „Ungarn-Kapelle“, um. Seit Sommer 1949 zogen obdachlose Koblenzer Familien in die Festung ein, die erst jetzt aus der Evakuierung zurückgekehrt waren.

Mit der Gründung der Bundesrepublik Deutschland gelangte die Festung in den Besitz des Landes Rheinland-Pfalz, das schon bald Kultureinrichtungen auf der Festung unterbrachte: In der „Hohen Ostfront“ und der „Contregarde rechts“ stellt das Landesmuseum Koblenz aus. Hier kann man auch den „Vogel Greif“, die Kanone aus

Von den Preußen wiedererrichtet, beherbergt die Festung heute einen Sitz der GDKE und 2011 das Landesprojektbüro „BUGA Büro Rheinland-Pfalz“.

dem 16. Jahrhundert, bestaunen. „Niedere Ostfront“ und „Südtraverse“ wurden in eine Jugendherberge verwandelt. Weil das massive Mauerwerk für konstantes Raumklima sorgt, lagerte bis 1998 das Bundesfilmarchiv umfangreiche Magazinbestände in den Räumlichkeiten der Festung. Bis 2009 beherbergte die „Landbastion“ das Landesamt für Denkmalpflege, die „Kontergarde links“ ist Bürotrakt der „Generaldirektion Kulturelles Erbe Rheinland-Pfalz (GDKE)“ und bis 2011 befindet sich hier auch das Landesprojektbüro „BUGA Büro Rheinland-Pfalz“. Auf dem Plateau Ehrenbreitstein, vor den Toren der Festung, liegen während der Bundesgartenschau die wichtigsten Gärten, Beete, Gewächshäuser und Ausstellungshallen der BUGA.

Mit seiner reichhaltigen Geschichte erscheint der Ehrenbreitstein als wie geschaffen für einen Ort des Gedenkens: Zur Erinnerung an die Gefallenen des Ersten und Zweiten Weltkriegs gestaltete Hans Wimmer 1972 das „Ehrenmal des Deutschen Heeres“, das in die Front des Ravelins eingebaut und am 29. Oktober 1972 feierlich eingeweiht wurde. Seit November 2006 erinnert es, um eine Stele erweitert, auch an die in der Ausübung ihres Dienstes zu Tode gekommenen Soldaten der Bundeswehr. Ein eigenes Denkmal auf dem Helfenstein gedenkt der im Ersten Weltkrieg gefallenen Soldaten des Infanterie-Regiments „von Goeben“, das immer wieder für längere Zeit auf dem Ehrenbreitstein in Garnison lag.

Seilbahngondeln über dem Reiterstandbild von Kaiser Wilhelm am Deutschen Eck. Zur Bundesgartenschau 2011 soll die Seilbahn die Ausstellungsflächen der Innenstadt mit denen der mehr als 100 Meter höher gelegenen Festung Ehrenbreitstein verbinden.

Vielleicht auch gerade wegen dieser mahnenden Erinnerung an die Folgen des Krieges ist die Festung Ehrenbreitstein, die Jahrhunderte lang der Wehrhaftigkeit gewidmet war, heute ein Ort friedlicher Begegnung für Menschen aus aller Welt. Geliebt wurde sie schon immer als Aussichtspunkt. Die klassizistischen Bauwerke, der Ausblick ins Tal, die Rhein-Landschaft inspirieren bis heute Maler, Dichter und Besucher und so ist die Festungsanlage über Rhein und Mosel ein historisches Zeitzeugnis ersten Ranges.

Die Festung grenzt nicht nur an das UNESCO-Welterbe „Grenzen des römischen Imperiums", gemeinsam mit dem Deutschen Eck bildet sie auch als den Rhein überspannendes Ensemble das nördliche Tor zum UNESCO-Welterbe „Oberes Mittelrheintal". Zur BUGA 2011 werden beide Orte auch räumlich verbunden. Eine Seilbahn führt vom Deutschen Eck zur Festung Ehrenbreitstein, die vor dem Ereignis umfassend restauriert wurde. An 850 Meter langen, freitragend gespannten Seilen gleiten die Besucher über den Rhein. Zum Schutz des UNESCO-Welterbe-Status darf die Bahn allerdings nur temporär betrieben werden und wird Ende 2013 wieder abgebaut.

Blick auf das Deutsche Eck und die Festung Ehrenbreitstein, das nördliche Tor zum UNESCO-Welterbe „Oberes Mittelrheintal".

Vom Deutschen Eck bis zum Drachenfels

Blick auf das ehemalige barocke Jagd- und Lustschloss Engers, heute Sitz der Akademie für Kammermusik der Villa Musica. Die Bauzeit des Schlosses betrug nur drei Jahre (1759–1762).

Wenige Kilometer von Koblenz rheinabwärts ist von der mittelalterlichen Zollburg Kunostein, die Stolzenfels Anfang des 15. Jahrhunderts ablöste, nur noch der graue Turm erhalten. In der zweiten Hälfte des 18. Jahrhunderts ließ der Trierer Kurfürst Johann Philipp von Walderdorf von Johannes Seiz, der bereits maßgeblich am Ausbau von Ehrenbreitstein beteiligt war, die alte Burg abreißen und an ihrer Stelle das barocke **Jagdschloss Engers** errichten. Das preußische Heer nutzte die Räumlichkeiten von 1863 bis 1914 als Kriegsschule und in den militärischen Auseinandersetzungen von 1870/71 und im Ersten Weltkrieg als Reservelazarett.

Malerische Ansicht des Rheins von Mainz bis Köln, Druck von 1829.

Der Trierer Erzbischof, Werner von Falkenstein, fügte um 1400 einer Zollburg seines Vorgängers auf der viel befahrenen Straße auf der linken Rheinseite einen Wachturm, den **„Weißen Thurm“**, hinzu. Die Zollburg ist längst verschwunden, doch im Zuge der Rettung historischer Gebäude während der preußischen Herrschaft bekamen die Zinnen des Turms, nach dem sich die später darum entstandene Ortschaft „Weißenthurm“ nennt, ein Pyramidendach. Mit der Auflage, den Erhalt zu sichern, verkaufte der preußische Staat den Turm an die Gemeinde, die später ein kleines Museum in dem gut erhaltenen Wehrturm unterbrachte.

Auch im gegenüberliegenden Neuwied schloss man sich den von den Preußen initiierten Bemühungen um den Denkmalschutz an. Zwischen 1869 und 1873 wurde das Schloss, das die Fürsten von Neuwied im 18. Jahrhundert als barocke Residenz hatten erbauen lassen, von der Familie zu Wied – bis heute Besitzerin des Schlosses – erneuert. So griff die Begeisterung der Preußenherrscher für ihr Rheinland auch auf befreundete Adelsgeschlechter über.

Neuwied und Weißenthurm, Stadtansicht mit dem Denkmal für den französischen General Lazare Hoche, Stahlstich um 1850 von Joseph Maximilian Kolb.

Burg Namedy und Andernach

Blick auf Burg Namedy von Süden. Heute finden auf Burg Namedy regelmäßig Konzerte und andere kulturelle Veranstaltungen statt, u.a. in Zusammenarbeit mit der Stiftung Villa Musica und dem Beethovenfest Bonn.

Arnold Freiherr von Solemacher-Antweiler erwarb 1896 die **Burg Namedy** im Norden des Städtchens Andernach. Die Wasserburg war im 14. Jahrhundert von dem Patriziergeschlecht Huysmann aus Andernach errichtet worden. Während des Dreißigjährigen Krieges von schwedischen Söldnern geplündert, wechselte die Burg, nachdem das Bauherrengeschlecht 1676 erloschen war, mehrmals den Besitzer. Arnold Solemacher, Kanzler Kurtriers, gab Anfang des 18. Jahrhunderts den Auftrag zur Erweiterung der Anlage, und sein gleichnamiger Nachfahre ließ sie im Stil des Historismus zu einer Schlossanlage umbauen. Doch auch er besaß den Herrensitz nur wenige Jahre. Schon 1909 erwarb Prinz Karl Anton von Hohenzollern (1868–1919) das Schloss. Es entstand ein Spiegelsaal mit Vestibül. Sein heutiges Aussehen erhielt das Herrenhaus, das sich bis heute im Besitz der Hohenzollern befindet, 1933, als die Türme nach barocken Vorbildern neue Hauben erhielten und die Dacherweiterungen, die sogenannten Zwerchhäuser, eine vereinfachte Struktur. Karl Antons Frau, Joséphine von Belgien, unterhielt im Ersten Weltkrieg in den Räumlichkeiten des Schlosses ein Lazarett.

Mit ihrem Schlösschen vor den Toren **Andernachs** hatten sich die beiden Hausherren einen geschichtsträchtigen Ort gesucht. Schon die Römer hatten hier das Kastell „Antunnacum“ errichtet und zur Zeit der Merowinger wurde Andernach Königssitz. 859 trafen sich die Könige Karl II., der Kahle (823–877), Ludwig II., der Deutsche (ca. 806–876), und Lothar II. (835–865) auf der damals namenlosen Rheininsel Namedyer Werth, um über ein größeres Treffen zu beraten. Nach der Vereinigung der beiden fränkischen Teilreiche unter den Karolingern wurde Andernach eine der königlichen Pfalzen und 870 fiel Andernach an Ludwig II., den Deutschen, und wurde so Teil des entstehenden deutschen Reiches. 1167 schenkte Kaiser Friedrich Barbarossa die zweitälteste Reichsstadt samt Münzstätte und dem lukrativen Rheinzoll seinem Kanzler, dem Kölner Erzbischof Rainald von Dassel, für dessen Kriegsdienste in Italien. Allein die Andernacher zeigten sich wenig begeistert von ihrem neuen Herrn. Aus Angst vor Aufständen ließen der Erzbischof und seine Nachfolger an strategisch günstiger Stelle eine Stadtburg errichten, die tatsächlich mehrmals von aufgebrachten Bürgern der Stadt erstürmt wurde.

Endgültig fiel die Andernacher Burg allerdings erst den Franzosen zum Opfer, die sie 1689 zu einer Ruine sprengten. Der „Runde Turm" der Stadtmauer, Wahrzeichen Andernachs, zeigte sich resistenter. Der mit 56 Metern höchste Wehrturm am Rhein widerstand den Sprengungsversuchen der französischen Truppen, die schließlich unverrichteter Dinge abziehen mussten. Als 1820 die nördliche Stadtmauer niedergelegt wurde, blieb das Rheintor, ein trapezförmiger Zwingervorbau aus dem 13. Jahrhundert, erhalten. Über den inneren Torbogen wachen noch immer die beiden romanischen Krieger aus Tuffstein, bei der Bevölkerung nur liebevoll „die Andernacher Bäckerjungen" genannt.

Standhaft – der „Runde Turm" der Andernacher Stadtbefestigung, erbaut 1440–1453, mit einer Höhe von 56 und einem Durchmesser von 15 Metern.

Beim Bäckerjungenfest in Andernach werden Ritterspiele inszeniert und die Sage um „das Fränzchen" und „den Döres" nachgespielt. Das Bäckerjungenfest findet nur alle zwei Jahre am ersten Wochenende im Juli statt.

Die Andernacher Bäckerjungen

Einst hatte der Kölner Erzbischof zur Strafe wegen des rebellischen Geistes der Andernacher den Rheinzoll nach Linz verlegt. Im Burgundischen Krieg verteidigten Andernacher Soldaten auf Seiten des Erzbischofs eine Erdbefestigung, die vom Gegner von der Stadt Linz aus beschossen wurde. Eine Kanonenkugel traf das Pulvermagazin und riss 150 Andernacher Schützen in den Tod. Aus Dankbarkeit für den hohen Blutzoll befahl der Kaiser, den Zoll zurück nach Andernach zu verlegen. Jetzt sannen die Linzer auf Rache. Die Andernacher galten als lustiges Völkchen, das gerne aß und trank und rauschende Feste feierte. Danach schliefen sie sich und ihren Rausch aus, was ihnen den Namen Siebenschläfer einbrachte. Das wussten auch die Linzer, die deshalb den Plan ausheckten, ihre Nachbarn nach einem jener Feste in den frühen Morgenstunden zu überfallen. Sie bauten sich einen großen Rammbock und bestiegen noch vor Morgengrauen ihre Boote zum Überfall auf Andernach. Um diese Stunde schliefen in Andernach tatsächlich alle, einschließlich des Torwächters. Nur die beiden Bäckerjungen Fränzchen und Döres, dem Vernehmen nach Ortsfremde und deshalb weniger verschlafen, verspürten nach getaner Arbeit noch wenig Müdigkeit und hatten Unsinn im Kopf. Sie gedachten, die

Brunnen zur Bäckerjungensage auf dem Marktplatz zu Andernach.

„Churkölnische Stadt Andernach am Rhein", Ansicht mit dem Rheinkran von 1554, kolorierte Radierung von Johann Ziegler (1750–1812).

ihnen nach dem Austragen ihrer Ware verbliebenen Brötchen mit ein wenig Honig selbst zu verspeisen. Den süßen Aufstrich aber wollten sie aus den Bienenkörben des Tormeisters holen, die auf der Stadtmauer standen. Kaum hatten sie die Stadtmauer erklommen, bemerkten die beiden die heranpirschenden Linzer. Guter Rat war nun teuer, denn zum Läuten der Alarmglocken war es schon zu spät. Flugs warfen sie den Angreifern die Bienenkörbe vor die Füße. Die erbosten Bienen töteten mit ihren Stichen einen Mann und schlugen die übrigen in die Flucht. Andernach war gerettet und natürlich musste das wieder ausgiebig gefeiert werden. Eine eigene Süßigkeit wurde kreiert, der Bienenstich, der bis auf den heutigen Tag an die Ereignisse von damals erinnert.

Die Sage von den beiden Bäckerjungen tauchte erst im 19. Jahrhundert auf. Karl Simrock, Germanistikprofessor aus Bonn, der sich mit mittelhochdeutscher Literatur beschäftigte und unter anderem das Nibelungenlied und die Dichtung Walthers von der Vogelweide in eine zeitgenössische Sprache übertrug, verfasste ein Gedicht über „Die Andernacher Bäckerjungen", und im auf Romantik versessenen 19. Jahrhundert wurde die Vorlage begierig aufgegriffen. Prosatexte und Dramen entstanden und die Andernacher fanden endlich einen Namen für ihre steinernen Wachen auf dem Tor zum Rhein.

Als Karl Anton von Hohenzollern das Herrenhaus in Namedy erwarb, befand sich vor seinen Türen noch eine weitere Attraktion. Bei Bohrungen im Jahre 1903 hatte man auf dem Namedyer Werth, heute eine Halbinsel vor dem gleichnamigen Ortsteil, Mineralwasser entdeckt, von dem es damals hieß, es sei besser als Selters, Fachinger oder Vichy-Wasser. Bis heute ist die Fontäne der höchste Kaltwassergeysir der Erde.

Hinter Andernach verengt sich das Rheintal ein wenig, um kurz vor Bonn wieder in eine weitere Ebene zu treten. Die Ufer zwischen Andernach und Bonn sind vielleicht nicht so steil und spektakulär wie im Oberen Mittelrheintal, doch im romantischen 19. Jahrhundert entdeckten die Bürger Kölns und Bonns den Rhein vor allem von Norden aus. Hier erbauten die Städter ihre Landvillen oder verliebten sich in alte Burgen und Schlösser. Im stadtnah gelegenen Siebengebirge erholte sich die Bevölkerung und sann alten Märchen und Legenden nach. So stand über weite Teile des 19. Jahrhunderts der Drachenfels bei Bonn ebenso als Symbol für die Rheinromantik wie die Loreley oder die wiederaufgebauten Burgen zwischen Bingen und Koblenz.

Burg Hammerstein

Hinter Andernach, dort wo das Tal sich verengt, wacht **Burg Hammerstein** über den Fluss. Ihr Name, so will es die Legende, geht auf ihren mythischen Gründer Karl Martell zurück, der sich im Jahre 732 bei Tours den Arabern entgegenwarf – Hammer, der deutsche Name

Der Kaltwassergeysir auf der Rhein-Halbinsel Namedyer Werth in Andernach schießt bis zu 60 Meter in die Höhe.

Blick auf Burg Hammerstein hoch über den Weinhängen am Rhein, um 1829. Heute ist die Burg nur noch eine Ruine, um deren Erhalt sich die Familienstiftung kümmert.

für Martell. Wahrscheinlicher ist jedoch, dass die Burg nach den zahlreichen Eisenhämmern der Gegend benannt wurde und erst im 10. Jahrhundert entstand. Der berühmteste Burgherr war Otto, der die schöne Irmgard, eine nahe Verwandte, ehelichte. Als Erkenbold, der Erzbischof von Mainz mit ihm in Fehde geriet und militärisch meist den Kürzeren zog, rächte er sich auf geistlichem Wege. Er verhängte über Otto den Kirchenbann ob dessen blutschänderischer Ehe und schickte Kaiser Heinrich II., den Frommen, das heilige Gesetz durchzusetzen. Heinrich belagerte an der Spitze seiner Streitmacht Burg Hammerstein, doch das starke Bollwerk konnte er nicht einnehmen. Erst durch Aushungern brachte er Otto aus Liebe zu seiner darbenden Familie dazu aufzugeben. Die Ehe wurde förmlich geschieden, doch Otto blieb seiner geliebten Frau treu bis in den Tod.

Nach Burg Hammerstein soll Kaiser Heinrich IV. geflohen sein, als er nach seiner Absetzung durch seinen Sohn im Jahre 1105 aus der Haft in Ingelheim entkam. Der alte Burgvogt, der einst mit ihm zahlreiche Schlachten geschlagen hatte, gewährte ihm Unterschlupf und Unterstützung für den Krieg gegen den Thronräuber. Ob der Kaiser die Burg wirklich persönlich besuchte, ist nicht gesichert, doch von hier ließ er die Reichskleinodien holen, die Herrschaftsinsignien der Kaiser und Könige des Heiligen Römischen Reiches, für den Streit mit seinem Sohn. Noch einmal 1125, bevor man sie auf Burg Trifels bei Annweiler brachte, wurden die Reichsinsignien auf Burg Hammerstein aufbewahrt.

Der preußische Staat verkaufte die Burg 1823 dem Freiherrn Werner von Haxthausen, der sie nur wenig später dem befreundeten Freiherrn Hans von Hammerstein, genannt der „tolle Hans“, überließ. Haxt-

Bevor die Reichskleinodien auf die Burg Trifels bei Annweiler kamen, wurden sie auf Burg Hammerstein aufbewahrt. Die Nachbildung der Reichskrone auf Burg Trifels, das Original entstand in der 2. Hälfte des 10. Jahrhunderts, Kreuz und Bügel im 11. Jahrhundert.

hausen hatte seinem Kaufgesuch Pläne zur Umgestaltung der Ruine beigegeben, die die Anlage eines Parks und eines romantischen Belvedere vorsahen. Friedrich Wilhelm III. prüfte persönlich die Umbaupläne, denn ihm lagen sowohl der Erhalt der geschichtsträchtigen Burgruine als auch deren romantisierende Neugestaltung am Herzen. Hans von Hammerstein hatte sein Vermögen jedoch mit seinem unsteten Lebenswandel durchgebracht und war nicht einmal in der Lage, die Ruine soweit instandzusetzen, dass herabfallende Teile nicht die darunterliegenden Weinberge und deren Winzer gefährdeten. Den darüber ausbrechenden Streit zwischen der Regierung in Koblenz und den Hammersteinern beendete 1843 schließlich König Friedrich Wilhelm IV., der den Rückkauf der Ruine von Staats wegen anordnete. Das Hin und Her um die Sanierung der Ruine Hammerstein endete 1893 versöhnlich. In diesem Jahr gelang es der 1854 gegründeten Hammerstein'schen Familienstiftung, die Burg zurückzukaufen. Seitdem kümmert die Stiftung sich um den Erhalt der Ruine.

Blick auf Burg Rheineck bei Bad Breisig am Rhein. Aus dem Mittelalter stammen Teile der Ringmauern, der imposante Bergfried mit seinem quadratischen Grundriss und das Tor über dem Einfahrtsweg.

Romantische Baukunst – Burg Rheineck

Ein bei den malenden und zeichnenden Rheinreisenden außergewöhnlich beliebtes Motiv im 18. und 19. Jahrhundert war **Burg Rheineck**. Die Burg nahm in den Bildermappen deutscher Zeichner und in den Reisebüchern britischer und deutscher Verleger schon vor 1800 einen festen Platz ein. Auch in der romantischen Epoche danach schufen die Künstler unermüdlich Ansichten der auf einem Kegel liegenden Burg und schwärmten über die Aussicht auf Burg und Fluss von der darüberliegenden Bergnase der Reutersley. Es mag an ihrer Berühmtheit ebenso gelegen haben wie an der spektakulären Aussicht, jedenfalls erwarb 1832 der kunstsinnige Juraprofessor und spätere Preußische Kultusminister Moritz August von Bethmann-Hollweg die Ruine und ließ von Johann Claudius de Lassaulx ein völlig neues „Schloss Rheineck“ erbauen, ein beachtliches frühes Werk romantischer Baukunst am Rhein.

Auf den Grundmauern der mittelalterlichen Kapelle errichtete Lassaulx eine trutzige Wehrkirche, die an die kriegerische Vergangenheit des Ortes erinnert: Nur wenige Jahre nach Gründung der Burg um 1115 durch den Pfalzgrafen bei Rhein ließ der Stauferkönig Konrad III. 1151 die Anlage niederbrennen, weil die Burgherren in Ungnade gefallen waren. Gut zehn Jahre später befahl der Kölner Erzbischof Rainhard von Dassel von Mailand aus die handstreichartige Besetzung des Berges, um dem Pfalzgrafen Konrad, Halbbruder Kaiser Barbarossas, zuvorzukommen. Als Konrad auf die Provokation 1164 mit einer Kriegserklärung antwortete, mobilisierte der Kölner Erzbischof ein für damalige Verhältnisse schier riesiges Streitheer von insgesamt 125.000 Mann, aufgeteilt in Reiterstaffeln, Fußvölker und Schiffsbesatzung zur Unterstützung des Heeres. Wie die Kölner Königschronik damals berichtete, wagte es „weder der Pfalzgraf noch irgend jemand sich zu nähern" und die Burg verblieb im Besitz Kurkölns. Auch die Rheineck wurde 1689 von den Franzosen zerstört, doch schon 1718 erneuert, um 1785 erneut Opfer der Flammen zu werden.

Um Burg Rheineck ranken sich zahlreiche Sagen und Legenden. So erhob einst Otto von Rheineck Anspruch auf die Pfalzgrafenwürde, die König Konrad III. an Hermann von Stahleck verliehen hatte. Eine heftige Fehde entbrannte zwischen den beiden Kontrahenten. Noch dazu begehrte Hermann von Stahleck die Verlobte Ottos, die schöne Luthilde, eine Nichte des Erzbischofs von Trier. Es gelang ihm, seinen Rivalen bei dem Erzbischof zu verleumden. Der Erzbischof versprach seine Nichte dem Stahlecker, doch Luthilde traf sich mit ihrem geliebten Otto und beide beschlossen den gemeinsamen Freitod. Das vereitelten die Schergen des Pfalzgrafen Herrmann und nahmen Luthilde gefangen. Otto fiel beim Versuch, seine Geliebte zu befreien, in den Rhein, doch wie durch ein Wunder wurde er durch einen Fischer gerettet. So begab er sich auf den Weg nach Worms, um den König um Hilfe und Gerechtigkeit zu bitten. Zufällig fand er bei einer Rast den geheimen Eingang zum unterirdischen Verließ Luthildes. Er befreite die Geliebte, doch er fand dabei den Tod durch die tückische Hand Hermanns. Luthilde überlebte ihren Verlobten nicht lange. Beim

Moritz August von Bethmann-Hollweg, von 1858 bis 1862 preußischer Kultusminister, erwarb 1832 Burg Rheineck. Porträtstudie von Adolph Menzel von 1864.

Schloss Rheineck – ein Meisterwerk romantischer Baukunst am Rhein, auf einem Werk von Theodor Albert (1822–1867).

Anblick seines Leichnams sank die bei den vorangegangenen Kämpfen schwer verletzte Frau dahin und erlag ihren Wunden.

Im Jahr 1280 ernannte der Kölner Erzbischof Graf Johann IV. zum Burgherren der Rheineck, der als „Schrecken der Landstraße und des Rheinstroms“ in die Geschichte einging. Finanziell klamm, weil er sich zweimal aus der Gefangenschaft nur durch die Zahlung hoher Lösegelder befreien konnte, verlegte er sich auf Raubrittertum und Wegelagerei. Kaufleute wurden ausgeplündert und ins Verlies geworfen. Einmal soll er sogar eine Kette über den Rhein gespannt haben, um Handelsschiffe auszurauben.

Eine andere Geschichte erzählt von dem Burgherrn Ritter Kunz, der dem Wein sehr zugetan war. Eines Tages stahl er seinem Lehnsherrn, dem Kölner Erzbischof, eine Ladung Assmannshäuser Wein. Nur durch eine List seiner Nichte entging er der Strafe. Da der Verdacht sofort auf Kunz fiel, ließ der Erzbischof die Weine aus dessen Keller überprüfen. Die Nichte Adelgunde spülte die Becher, aus denen die Kontrolleure – zwölf würdige Weinkenner – probierten, zuvor mit Essig aus. Sie erkannten das Diebesgut nicht, doch von diesem Tage an verging der Rheinecker sich nie mehr an bischöflichem Wein.

In die Zeit des Staufers Konrad III. fällt die rührende Legende um die Liebe der schönen Luthilde zu Otto von Rheineck. König Konrad III. mit Herzog Leopold IV. und Hadmar I. von Kuenring auf einer Miniatur aus dem „Liber fundatorum“ (Bärenhaut), 1310.

Nicht nur mittelalterlichen Raubrittern und Bischöfen schmeckte der Rheinwein vorzüglich, auch heute noch ist der Rebensaft vom Rhein weltweit in aller Munde. Weinreben bei Assmannshausen im Rheingau.

Schloss Arenfels

Das „Jahresschloss" in den Weinbergen– Schloss Arenfels besitzt 365 Fenster, 52 Türen und zwölf Türme.

Über das stolze Schloss Arenfels in den Weinbergen oberhalb Bad Hönningens entbrannte einst ein Streit zwischen den Erneuerern und Bewahrern der mittelalterlichen Architektur entlang des Rheins. 1848 erwarben Graf Friedrich Ludolf von Westerholt und seine vermögende Frau, Johanna Charlé aus Holland, das Schloss, das im 17. Jahrhundert bereits mit beachtlichem Aufwand von einer Burg zu einem dreiflügeligen Schloss umgestaltet worden war, im 19. Jahrhundert aber nach und nach zerfiel. Graf Friedrich Ludolf wollte zunächst nur kleine Veränderungen vornehmen lassen, als er für sein Vorhaben den Kölner Dombaumeister Ernst Friedrich Zwirner gewinnen konnte. Doch Zwirner war von der Vorstellung beseelt, neben dem Kölner Dom ein weiteres monumentales Bauwerk im Rheinland zu schaffen. Er trieb den Umbau Stück für Stück in seinem Sinne voran, und immer wieder gelang es ihm, den Grafen von seinem Handeln zu überzeugen. Dem Schlossherrn legte er für seine Argumentation jeweils Teilpläne, niemals sein Gesamtkonzept vor. Er versah die ehemals prächtige Fassade mit neogotischen Giebeln, ein kolossaler Turm mit Spitzkegeldach entstand, und auch die Innenausstattung wurde mit einer gusseisernen Treppe über drei Etagen aus der Werkstatt der Sayner Hütte prunkvoll erneuert. 365 Fenster, 52 Türen und zwölf Türme erhielt das Schloss und ist deshalb auch unter dem Namen „Jahresschloss" bekannt. Über die Kosten war zwischen Bauherr und Baumeister offenbar nur selten gesprochen worden, jedenfalls schlugen statt der veranschlagten 30.000 Taler am Ende Baukosten von 135.000 Taler zu Buche. Mit diesem Geld hatte Zwirner ein monumentales Kunstwerk geschaffen, das rheinauf und rheinab seinesgleichen suchte. Doch der Schlossherr zeigte sich wenig begeistert. Für ihn war ein wunderbar harmonisches Bauwerk verlorengegangen und er verabscheute den aufwendigen Prunk der Neugotik. „Um das unwiederbringlich zerstörte Renaissanceschloss wird es schade sein!", soll er gesagt haben, „Nur dass viele Kunst-Banausen das Schloss schön finden, gibt mir etwas Trost."

Ursprünglich hatte 1259 Gerlach von Isenburg Burg Arenfels direkt auf den Felsen gesetzt, der nach Nordwesten hin von einem tief abfallenden Graben geschützt war, während Nordost- und Ostseite des Wehrbaus durch einen starken Burgfried gesichert wurden. Besonders bei den im Mittelalter so häufigen Belagerungen brachte der Ziehbrunnen im Innenhof der Burg, der bis auf den Grundwasserspiegel des Rheins hinabreichte, strategische Vorteile. Im 17. Jahrhundert fiel die Burg an die gräfliche Familie von der Leyen, der sie als bevorzugter Sommersitz diente. Ihre militärische Bedeutung hatte die Burg da längst eingebüßt, der Halsgraben war zugeschüttet und der Burgfried Teil der Schlossanlage.

Aus einem Renaissanceschloss wurde durch die Umbauten unter dem Dombaumeister Ernst Friedrich Zwirner ein neugotisches Gesamtkunstwerk.

Schloss Arenfels vor den Umbauten unter dem neuen Besitzer Graf von Westerholt-Gysenberg. Kolorierter Aquatintastich von Christian Meichelt um 1830.

Ein Blick zum Siebengebirge vom Rolandsbogen aus. Der Rolandsbogen ist ein Überrest der mittelalterlichen Burg Rolandseck.

Rolandsbogen und Burg Drachenfels – Schauplatz großer Mythen

Um den **Rolandsbogen**, hoch über Rolandseck, spinnt sich eine Legende, die den Ort mit einer der bekanntesten Sagen des Abendlandes in Verbindung bringt: Karl der Große führt 778 einen Feldzug gegen die Mauren auf der Iberischen Halbinsel. Er wollte gerade die Hauptmacht der Ungläubigen jenseits des Ebro angreifen, da ereilte ihn der Ruf eines Aufstandes der rebellischen Sachsen unter Widukind. Er kehrte zurück nach Frankreich, doch seine Nachhut unter der Führung seines treuen Ritters und Neffen Roland geriet in einen Hinterhalt. Roland blies sein berühmtes Olifant, das Horn eines Einhorns, das nur edle Ritter von außergewöhnlichen Fähigkeiten blasen können, doch Karl der Große eilte ihm, vom verräterischen Ganelon beruhigt, zu spät zu Hilfe. Roland starb in Roncesvalles, an der Grenze zwischen Spanien und Frankreich.

Die historische Niederlage Karls des Großen im Jahre 778, die ihm allerdings von einem baskischen Heer und nicht von den Sarazenen beigebracht wurde, ist die Grundlage zahlreicher Mythen und Legenden in ganz Europa, die das Leben und Wirken des edlen Ritters Roland

„Blick vom Rolandsbogen auf das abendliche Rheintal und das Siebengebirge", Gemälde von Andreas Achenbach von 1834.

Hildegund im Kloster – Illustration zur Sage von Roland und Hildegunde und der Insel Nonnenwerth, Farblithografie von 1858 von Johann Baptist Sonderland.

Roland ist seiner Geliebten so nah und wird sich doch nie mit ihr vereinigen können. Im Hintergrund der Farblithografie ist der Rolandsbogen zu erkennen.

beschrieben und weit auseinanderliegende Schauplätze miteinander verbanden. Als Rolandslied verbreitete sich die Sage seit dem 11. Jahrhundert von Frankreich aus. Um 1170 ließ Heinrich der Löwe das Lied für seine Frau Mathilde von einem Gelehrten namens „Konrad der Pfaffe“ ins Lateinische und Deutsche übertragen. Später entstanden erweiterte Fassungen, und der Volksmund schuf eigene Geschichten rund um das Rolandslied, die von den romantischen Dichtern des 19. Jahrhunderts begeistert aufgenommen wurden. So berichtet die Legende, wie der edle Roland einst auf Burg Drachenfels kam und sich Hals über Kopf in die schöne Hildegund, Tochter des Burgherrn, verliebte. Auch sie erwiderte seine Liebe. Roland ließ gegenüber der Heimatburg seiner zukünftigen Frau die Rolandsburg erbauen, als ihn der Ruf ereilte, mit seinem Herren, Karl dem Großen, nach Spanien zu ziehen. Monatelang wartete Hildegund auf die Rückkehr des Geliebten, dann ereilte sie die Nachricht von seinem Tod auf dem Schlachtfeld. In tiefer Trauer nahm sie den Schleier, weihte ihr Leben Jesus und wurde Nonne im Kloster Nonnenwerth auf der Rheininsel zwischen der väterlichen Burg und derjenigen ihres Geliebten. Roland wurde zwar auf dem Schlachtfeld von Roncesvalles schwer verwundet, doch sein Knappe pflegte ihn gesund. Er kehrte an den Rhein in Erwartung der Geliebten zurück, doch fand er Hildegund im Kloster, so nah und doch für immer für ihn verloren. Tag für Tag saß er nun auf seiner Burg, in einem Fenster, das sich bis ins 19. Jahrhundert als Rolandsbogen erhielt, und trauerte mit Blick nach Nonnenwerth um seine Geliebte. Auch die erfuhr von Rolands Rückkehr und starb kurz darauf an gebrochenem Herzen. Als Roland aber in seinem Fenster sitzend das Totenglöckchen läuten hörte, war auch sein Lebensmut am Ende. Er starb an den Folgen seiner Kriegsverletzung. In einer anderen Version erhängte er sich an den Balken seines Fensters.

Es gibt keine Hinweise auf einen wahren Kern der Sage, auch wenn Kaiser Karl IV. 1354 glaubte, auf der Insel Nonnenwerth das Olifant gefunden zu haben und es von dort in den Veitsdom nach Prag brachte. Tatsächlich entstand die Rolandsburg im 12. Jahrhundert als Zollburg Kurkölns. Zu Beginn des 14. Jahrhunderts gerieten die Kölner in Streit mit dem Kaiser über die Burg und mussten sie abreißen, 1326 aber hatten sich die Machtverhältnisse wieder geändert und die Burg erstand neu. Wahrscheinlich bereits im Truchsessischen Krieg 1582–1584 zerstört, diente die Rolandsburg schon vor dem Dreißigjährigen Krieg als Steinbruch. Trotz des Verfalls – bald war nur noch der berühmte Bogen übrig – erfreute sich der Flecken als Wanderziel bei Romantikern und Bonner Studenten großer Beliebtheit. Der halbverfallene Ort und die Rolandssage, die ihn mit dem berühmtesten Herrscher Europas in Verbindung brachte, machten den Bogen zum Wahrzeichen der Rheinromantik überhaupt.

1831 erhielt Prinzessin Marianne von Preußen, Gemahlin Prinz Friedrichs, den Rolandsbogen zum Geschenk, doch in einem fürchterlichen Unwetter des Jahres 1839 stürzte der marode Bogen in sich zusammen. Dem unermüdlichen Einsatz des Dichters Ferdinand Freiligrath war es zu verdanken, dass der Bogen innerhalb nur einen Jahres wieder aufgebaut werden konnte. Öffentlich warb er um Unterstützung für sein Vorhaben, denn so meinte er: „Es sind ja nicht die Steine, es ist ja nicht der Kalk und der Traß: die gerettete Form des Bogens, die Fensterbrüstung, die

Ein einzigartiges Panorama: Blick auf die Rheininsel Nonnenwerth bei Rolandswerth und Bad Honnef (Stromkilometer 642). Die Insel ist rund zwei Kilometer lang und an der breitesten Stelle fast 200 Meter breit.

Unkonventionelle Liebe auf Nonnenwerth

Liszt am Klavier – Alexandre Dumas d. Ä. oder Alfred de Musset, Victor Hugo, George Sand, Niccolo Paganini, Gioacchino Rossini, Liszt, Marie d'Agoult (v.l.), Gemälde von 1840 von Josef Danhauser (1804–1845).

Die Insel Nonnenwerth aber sah noch einmal das Ende einer leidenschaftlichen Liebe. Die drei Sommer der Jahre 1841 bis 1843 verbrachte der Komponist Franz Liszt mit seiner großen Liebe, der Gräfin D'Agoult, auf der Insel. Im Jahr darauf trennte sich das unkonventionelle Paar, der Zauber des Rheins hatte das Auseinanderleben des Paares nur wenig hinauszögern können.

Das letzte von Franz Liszt auf Nonnenweth vertonte Stück ist „Die Zelle in Nonnenwerth":

Ach, nun taucht die Klosterzelle
einsam aus des Wassers Welle,
und ich seh' in meinen Schmerzen,
dass die Zelle fremd dem Herzen.
Denn die eine musste fliehen,
die den Zauber hat verliehen
dieser Zelle, die umfangen
hält der Rhein mit Liebesbangen.
Wird sich zu mir Hoffnung neigen,
sollen meine Lieder schweigen?
Dies — das letzte meiner Lieder —
ruft dir: Komme wieder, komme wieder!

herabsieht auf Nonnenwerth – sie sind es, die die Sage festhalten, die den Rahmen bilden für die bleiche, trauernde Gestalt, die den Ort geheiligt hat." Bald flossen großzügige Spenden für den Wiederaufbau des Rolandsbogens, der Kölner Dombaumeister Ernst Friedrich Zwirner bekam den Auftrag für den Wiederaufbau und so konnte das Wahrzeichen gerettet werden.

Es ist gewiss kein Zufall, dass die Legende die vermeintliche Burg des Paladin Roland mit dem **Drachenfels** in Verbindung bringt. Liegt hier doch der Schauplatz einer weiteren großen mittelalterlichen Sage, dem Urmythos der Deutschen, von dem Xantener Königssohn Siegfried und seinem Schatz der Nibelungen. So hauste einst auf dem Berg, hoch über dem Rhein ein Drache, der von Zeit zu Zeit eine Jungfrau als Tribut forderte. Um ihre eigenen Töchter zu schützen, raubten die umliegenden Dörfler fremde Mädchen und trieben sie den Berg hinauf in die Fänge des Drachens. Der mutige Siegfried aber bezwang den Drachen und brachte ihm mit seinem Schwert tödliche Wunden bei. Nach dem Kampf badete er im Drachenblut, denn das verlieh ihm magische Unverwundbarkeit. Nur zwischen seine Schulterblätter setzte sich ein Lindenblatt an die Stelle, an der er dereinst einen tödlichen Hieb erhalten würde.

Eine andere Version der Sage weiß nichts von Siegfried, doch von den heidnischen Fürstensöhnen Horsrik und Rinbold, die beide einer christlichen Jungfrau verfielen, einer Gefangenen vom bereits christianisierten linksrheinischen Ufer. Der Ältestenrat zürnte ob der Zwietracht, die die Magd unter den beiden säte und beschlossen,

Das Kloster und Schulgebäude auf Nonnenwerth bei Remagen.

sie dem als Gottheit verehrten Drachen zu opfern. Die Jungfrau, vor den Drachen gebracht, zog ein kleines Kreuz aus ihrem Busen, woraufhin der Lindwurm in die Tiefe stürzte und zerschmetterte. Die Heiden aber bekehrten sich zum wahren Glauben und Rinbold ehelichte die tapfere Christin.

Auf dem Drachenfels existierte seit 1138 eine Burg Kurkölns, die gut zehn Jahre später dem Bonner Cassiusstift übertragen wurde. Die Cassiusbrüder vollendeten die Burg, und gegen Ende des 12. Jahrhunderts entstand ein Burggrafengeschlecht vom Drachenfels, das mit dem Erwerb von Burg Gudenau 1402 das Drachenfelser Ländchen aus der Taufe hob und sich vom Cassiusstift unabhängig machte. Die Burg am Drachenfels fiel wie so viele andere dem Dreißigjährigen Krieg zum Opfer und ist seit der Zeit Ruine. In dem Steinbruch unterhalb der Burg wurde schon zu Zeiten der Römer und seit dem 13. Jahrhundert für den Bau des Kölner Doms Trachyt gewonnen und je weiter die Kathedrale gedieh, desto mehr fraß sich ein Hohlraum unter die Burg. Ende des 18. Jahrhunderts fiel deshalb die Burgkapelle in sich zusammen, weitere Teile der Anlage stürzten zu Tal. Auf Drängen interessierter Bürger kaufte der Preußische Staat 1836 das Gelände an, um die Ruine zu retten. Der Steinbruch wurde stillgelegt. Immer wieder musste seitdem der Drachenfels gesichert und instand gesetzt werden.

Der Drachenfels besaß eine besondere Bedeutung für die nationalliberale Bewegung im Rheinland. So zogen am 18. Oktober 1819 Bonner Studenten auf den

Blick auf die Burgruine Drachenfels im Siebengebirge. Die Burg wurde im 12. Jahrhundert gebaut und fiel schließlich dem Dreißigjährigen Krieg zum Opfer.

Ort der Sagen und Legenden, der Imagination: der Drachenfels auf einem Gemälde von William Turner von 1817.

Die gotische Säule auf dem Drachenfels erinnert an den freiwilligen Landsturm der Jahre 1813–1815.

Drachenfels, um den Jahrestag der Völkerschlacht bei Leipzig zu feiern. Unter den Studenten befand sich auch Heinrich Heine, der seine Eindrücke später in dem Gedicht „Die Nacht auf dem Drachenfels" verarbeitete.

Zur „Erinnerung an die politische Hingebung des rheinischen Volkes und an die Errichtung des freiwilligen Landsturms vom Siebengebirge in den Jahren 1813, 1814 und 1815" wurde wenige Jahre später ein Denkmal auf dem Drachenfels errichtet, das wohl wegen der schlechten Qualität des Steins 1857 durch eine gotische Fialsäule nach dem Entwurf des Kölner Dombaumeisters Ernst Friedrich Zwirner ersetzt wurde.

Zu Ehren Richard Wagners errichteten seine Verehrer zu seinem 100. Geburtstag auf halber Höhe des Drachenfels die Nibelungenhalle, in der zwölf Großgemälde die Szenerie des „Ring der Nibelungen“ zeigen. Zu Wagners 50. Todestag kam noch eine kleine Höhle dazu, in der bis heute ein steinerner Lindwurm schläft und auf seine Wiedererweckung wartet.

Die Godesburg – den Rheinmetropolen entgegen

Die stolzen Ruinen der **Godesburg** südlich von Bonn machte der Fiskus 1844 Augusta von Preußen, spätere Königin und Kaiserin, zum Geschenk. Sie trug sich mit dem Gedanken, die Burg für ihren Sohn Friedrich auszubauen, der in Bonn studierte. Die Pläne ließen sich jedoch nicht verwirklichen und Wilhelm II. schenkte die Ruine 1891 der Gemeinde Godesberg, die eine Wohn- und Gaststätte in die Ruinen einbauen ließ.

Die Burg war im 13. Jahrhundert für die Erzbischöfe von Köln erbaut worden und galt bis 1583, als sie der Herzog von Bayern sprengte, als uneinnehmbar. Gelegentliche Wiederaufbaupläne scheiterten in der Folge, sodass lediglich die Michaelskapelle innerhalb der Vorburg Ende des 17. Jahrhunderts auf den Fundamenten des romanischen Baus ein neues Gesicht bekam.

Gemäß einer alten Legende liegt ein Fluch auf der Burg: Sie verfällt seit dem schändlichen Brudermord im Godesberger Forst. So haderte einst der jüngere zweier Brüder mit dem Gesetz der Väter, das seinen älteren Bruder zum Erben der Burg, ihn selbst aber für das Leben in der Mönchskutte bestimmte. Er erdolchte seinen Bruder auf der Jagd, doch die Kunde von dem Frevel verbreitete sich wie ein Lauffeuer. Der Mörder floh, nahm an den Kreuzzügen teil, geriet in Gefangenschaft und kehrte schließlich in ein nahe gelegenes Kloster zurück, wo er die Jahre bis zu seinem Tod büßend und weinend in einer einsamen Zelle verbrachte.

Die Spitze des Bergfrieds der heutigen Burgruine befindet sich auf 122 Metern über dem Meeresspiegel.

Zu Füßen der Godesburg treten die Hügel- und Bergketten ein wenig zurück und lassen dem Fluss ein gemächliches Bett, das ihn über Köln und Düsseldorf nach Holland und in die Nordsee führt. An die zahlreichen Burgen und Schlösser, die er flussaufwärts zurücklässt, mag noch heute so mancher die Bitte richten, die der Dichter Max von Schenkendorf einst so trefflich formulierte:

Wollt ihr das Schweigen brechen –
Es klingt so wunderbar –
Ihr Burgen, wollt ihr sprechen?
Ihr schwiegt wohl manches Jahr.
So sprecht von alten Dingen,
Von alter Herrlichkeit,
Die Namen laßt erklingen,
Der fernen gold'nen Zeit.

Literatur
200 Jahre Residenz Koblenz, Ausstellungskatalog, Koblenz 1986.
Borger, Hugo (Hrsg.), Der Kölner Dom im Jahrhundert seiner Vollendung, Köln 1980.
Bremm, Klaus-Jürgen, Beweglichkeit statt Fortifikation – Eisenbahnen und Festungen in den Kriegsplänen der preußischen Armee am Beispiel der Festungsstadt Koblenz, in: Neue Forschungen zur Festung Koblenz und Ehrenbreitstein, Bd. 2, Regensburg 2006, S. 75–90.
Bruchhausen, Esther-Beatrice von, Das Zeichen im Kostümball – Marianne und Germania in der politischen Ikonographie, Frankfurt 2001. http://sundoc.bibliothek.uni-halle.de/diss-online/00/01H066/prom.pdf.
Caspary, Hans, „Wiederaufgefundene Pläne zum Ausbau von Burg Rheinfels", in: Denkmalpflege in Rheinland-Pfalz 1982/83, Bd. 37/38, S. 74–92.
Clark, Christopher, Preußen. Aufstieg und Niedergang 1600–1947, München 2007.
Custodis, Paul-Georg, The Church of St. Apollinaris in Remagen, Germany – its Significance and Restoration, Madrid o. D., online unter: http://www.international.icomos.org/madrid2002/actas/137.pdf
Demandt, Karl E., Rheinfels und andere Katzenelnbogener Burgen als Residenzen, Verwaltungszentren und Festungen, Darmstadt 1990.
Frein, Kurt; Jan Meißner, Burgen am Rhein, Hamburg 1983.
Gassen, Richard W; Holezek, Mythos Rhein. Ein Fluß – Bild und Bedeutung, Ludwigshafen 1992.
Großmann, G. Ulrich, Burg und Festung Rheinfels, Regensburg 2002, [Burgen, Schlösser und Wehrbauten in Mitteleuropa, Bd. 17].
Hässlin, Johann Jakob (Hrsg.), Rheinfahrt. Von Mainz zum Niederrhein, 4. Aufl., Köln 1998.
Hörner, Richard, Schloß Stolzenfels. Preußen und die Rheinburg. Eine Beschreibung, Wörth am Rhein 2005.
Honnef, Klaus; Klaus Weschenfelder, Irene Haberland (Hrsg.), Vom Zauber des Rheins ergriffen … Zur Entdeckung der Rheinlandschaft, München 1992.
Kroll, Frank-Lothar, Die Hohenzollern, München 2008.
Landesamt für Denkmalpflege, Burgen Schlösser Altertümer (Hrsg.), Preußische Facetten. Rheinromantik und Antike. Zeugnisse des Wirkens Friedrich Wilhelm IV. an Mittelrhein und Mosel, [Ausstellungskatalog], Regensburg 2001.
Landesmuseum Koblenz (Hrsg.), Der Geist der Romantik in der Architektur. Gebaute Träume am Mittelrhein, Regensburg 2002.
Laß, Heiko, Der Rhein. Burgen und Schlösser von Mainz bis Köln, Petersberg 2005, [Burgen – Schlösser – Herrensitze, Bd. 1].
Malten, H. M., Schloss Stolzenfels am Rheine, Frankfurt 1844.
Mirbach, Ernst Friedrich Baron von, Prinz Friedrich von Preussen. Ein Wegbereiter der Romantik am Rhein, Köln, Weimar, Wien 2006.
Mölich, Georg; Veit Veltzke; Bernd Walter (Hrsg.), Rheinland, Westfalen und Preußen: Eine Beziehungsgeschichte, Münster 2011.
Osterroth, Jochen von, Geschichte der Schönburg, Oberwesel 2007.
Rathke, Ursula, Preußische Burgenromantik am Rhein. Studien zum Wiederaufbau von Rheinstein, Stolzenfels und Sooneck (1823–1860). München 1979.
Schulz, Berndt, Burgensagen vom Rhein, Frankfurt am Rhein 1980.
Semmler, Horst, 150 Jahre Eisenbahn Bonn – Köln, Nordhorn 1994.
Stelzmann, Arnold; Frohn, Robert, Illustrierte Geschichte der Stadt Köln, Köln 1990.
Stüber, Heinrich, Burg Stahleck über Bacharach. Von der Stauferburg zur Jugendherberge, Mainz 2004.
Tucholsky, Kurt, Denkmal am Deutschen Eck, in: Gesammelte Werke, Bd. 8, S. 20–23.
Tümmers, Horst Johannes, Der Rhein. Ein Europäischer Fluss und seine Geschichte, München 1999.
Wolf, Irmgard; Engelhardt, Manfred, Inseln im Rhein, Bonn 2004.
Werquet, Jan, Historismus und Repräsentation. Die Baupolitik Friedrich Wilhelms IV. in der preußischen Rheinprovinz, Berlin/München 2010.

Opladener Str. 8, 50679 Köln
Lingen Signé in Zusammenarbeit
mit der GDKE Rheinland-Pfalz

RheinlandPfalz
GENERALDIREKTION
KULTURELLES ERBE

Herausgeber: Michael Prinz von Preußen
Autoren: Andrea Weindl (S. 18–57; 106–159);
Wibke Becker (S. 58–105)
Projektleitung und Redaktion: Heinrich Hengst
Titelbild: Picture Alliance/dpa
ISBN: 978-3-941118-99-7
Printed in Germany

www.lingen-koeln.de

Bildnachweis
Archiv GDKE Rheinland-Pfalz: S. 11 o., 11 u., 16 u., 25 u., 32, 106, 110, 111, 114, 116, 117, 118, 130, 131 u., 132, 146
Archiv Michael Prinz von Preußen/
SEEGER PRESSE, Albstadt: S. 16 o.
Wikimedia Commons/Doris Antony: S. 140
Wikimedia Commons/Frila: S. 53
Wikimedia Commons/Lencer: S. 8
Wikimedia Commons/Warburg: S. 54
Wikimedia Commons/Holger Weinandt (Schängel): S. 127
Wikimedia Commons/Xocolatl: S. 142
picture alliance/dpa/akg images: alle übrigen Fotos